Françoise
LEMARCHAND
Professeur agrégé
Lycée-collège Victor Duruy, Paris

Kathleen
JULIÉ
Maître de conférences
à l'Université de Paris-Sorbonne

THE NEW APPLE PIE

4e

LANGUE VIVANTE 2

Cahier d'activités
(Workbook)

School : ....
Class : ....
First Name : ....
Family Name : ....
English Teacher : ....
Year : 19..... 19.....

HACHETTE
Éducation

PRÉFACE

COMMENT UTILISER CE *WORKBOOK* EN CLASSE ET CHEZ VOUS

LA SIGNALISATION

- CLASSWORK introduit les **activités de classe**.
- SELF-STUDY introduit le **travail autonome à faire à la maison**.
- Les activités numérotées 1 2 3 servent de support à celles du manuel.

Les autres, numérotées [1] [2] [3] , n'existent que dans le *Workbook*.

- Le symbole ✂ rappelle que **toutes les pages sont prédécoupées.**

LES RUBRIQUES

- À la fin de chaque chapitre, la rubrique Révision vous permet de réviser le vocabulaire et la grammaire travaillés dans le chapitre. Les exercices de grammaire sont corrigés page 112. Les pages de **GAMES** (jeux) qui suivent vous permettent de vous détendre, tout en rebrassant ou en apprenant du vocabulaire.

- Les **fiches de lecture** correspondant aux **good READ** se trouvent pages 125 à 132 de ce cahier.

- Les **supports aux TESTS** se trouvent pages 133 à 138.

- La **grille d'évaluation** (page III) et les pages **FAITES LE POINT** (pages 33, 81 et 113) vous permettent de suivre la courbe de vos résultats et d'effectuer une auto-évaluation bilan par trimestre.

LES PAGES DE RÉFÉRENCE MÉTHODOLOGIQUE

- Reportez-vous souvent à la page IV qui vous explique comment apprendre votre leçon et comment mémoriser le vocabulaire.

Conception et réalisation de la couverture : Alain Vambacas ; **dessin** (personnage) : Zoran Orlic
Conception et maquette intérieure : Marion Fernagut
Illustrations : Dominique Billout, J.L. Gousset, Violette Le Quéré et Joe Cady, Paul Woolfenden.

Références photos : p. VII 1 Jean Marigaux, 2 G. Zibell, 3 S. Greenhill; **p. 2** 1 R. Arlick, 2 et 9 S. Greenhill, 3, 4, 6, 8 R. Landin, 5 et 7 K. et H. Benser/Zéfa-Hoa-Qui; **p. 12** G. Mendel/Network-Rapho; **p. 114** 1, 4, 6 P. Zanone, 2 Rapho, 3 G. Du Feu/Pix, 5 Galia/Jerrican, 7 M. Renaudeau/Hoa-Qui, 8 Kersting/Artephot; **p.117** E.T. Archive/Artephot; **p. 118** Rapho; **p. 119** haut Lauros/Giraudon, milieu Kersting/Artephot, bas Pictures/La Photothèque SDP; **p. 120** Hachette Livre; **p. 121** gauche Kersting/Artephot, droite Amiens, musée de Picardie/Giraudon; **p. 122** P. Zanone; **p. 133** E. Bernager/Hoa-Qui.

ISBN : 2.01.12.5166.4

	COMPRÉHENSION		EXPRESSION	
	ORALE (Écouter)	ÉCRITE (Lire)	ÉCRITE (Écrire)	ORALE (Parler)
20				
19				
18				
17				
16				
15				
14				
13				
12				
11				
10				
9				
8				
7				
6				
5				
4				
3				
2				
1				
0				

J'ÉVALUE MES RÉSULTATS

Notez sur cette grille tous les résultats des tests et contrôles. Choisissez une couleur différente pour chaque trimestre et marquez les grands tests d'un point plus gros.

Exemple :

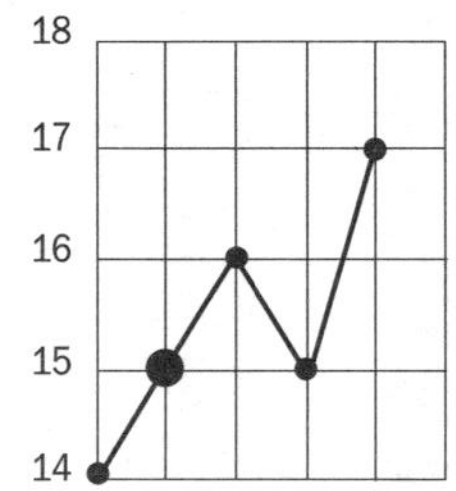

COMMENT APPRENDRE SA LEÇON

1

Relisez (ou mieux, **écoutez**) le **dialogue** ou le **résumé** du manuel ainsi que **les notes** prises en classe.

2

Cherchez le sens exact de toutes les **expressions nouvelles** et notez-les dans votre **cahier de vocabulaire** (voir le modèle plus bas). Puis **apprenez** votre vocabulaire. Sachez "par cœur" tout ce que le professeur exige que vous mémorisiez.

3

Demandez-vous sur quels **points de grammaire** porte la leçon. Lisez le *"Remember"* et les pages de grammaire qui correspondent. Assurez-vous que vous avez **bien compris.** Si nécessaire, formulez ce que vous ne comprenez pas pour le **demander à votre professeur** lors du prochain cours.

4

Entraînez-vous **oralement** à **raconter** l'histoire, à **décrire** la situation, à **résumer** un contenu, à **poser des questions** comme si vous étiez le professeur.

5

Faites **au brouillon** les **exercices écrits** donnés par votre professeur, puis recopiez-les **au propre**.

COMMENT "METTRE EN MÉMOIRE" DU VOCABULAIRE

- Travaillez le **dialogue**, le **résumé** et le ***"Remember"***. Regroupez les mots par liste, par contraire, par synonyme, par famille.

- **Copiez** les mots et expressions à mémoriser au brouillon en les disant **à haute voix**. Regardez la phonétique dans la marge et faites attention à l'accent de mot noté en caractères gras.

- **Imaginez-vous en train de réciter votre leçon**. Testez-vous ou faites-vous tester. Êtes-vous capable de raconter l'histoire ? De la résumer ? De poser des questions ?

- **Recommencez** autant de fois que nécessaire, **dix minutes** plus tard, puis **une heure** plus tard, puis **le lendemain**.

- **Relisez** régulièrement votre **cahier de vocabulaire**.

MOTS DANS LEUR PHRASE	EXPLICATION ET / OU MOTS DE LA MÊME FAMILLE
Welcome to England!	*Bienvenue! (Willkommen!)*
(come)	
This is my sister, Cathy.	*sister ≠ brother*
That is my friend.	*friend ≠ enemy*
→• →•	
this ≠ that	

The alphabet

BOOK, P. XII

4 LISTEN, WRITE AND SPELL

a) Listen and write.

1. .... 2. .... 3. .... 4. .... 5. ....

More.

1. .... 2. .... 3. .... 4. .... 5. ....

SELF-STUDY

1 Entraînez-vous à épeler à voix haute.

AHJK - BCDEGPTV - FLMNSXZ - IY - O - QUW - R

2 Entraînez-vous à vous présenter. Complétez ces phrases par le mot qui manque.

1. 

"Hello! .... am Peter."

"Good ...., Peter. My .... is Paul."

2. 

"Good .... I .... Jenny."

"................................., Jenny. .... name .... Betty."

3 Mary et Willy se rencontrent pour la première fois. Il est 10h du matin. Que se disent-ils?

Mary: ....

Willy: ....

4 Traduisez, puis entourez le verbe *"be"* dans chaque phrase anglaise.

– Salut, je suis Rachel. ....

– Bonjour, je m'appelle Kate. ....

5 Observez la page XII de votre manuel et relevez les verbes lexicaux (ceux qui ont un sens en eux-mêmes) et qui signifient:

- Écoutez: .... - Parlez: .... - Lisez: .... - Écrivez: ....

- Épelez: .... - Regardez: .... - Répétez: .... - Saluez: ....

C'EST LA FORME DE BASE (BASE VERBALE) DES VERBES QUE L'ON TROUVE DANS LE DICTIONNAIRE, ET QUI SERT À FORMER L'IMPÉRATIF.

BOOK, P. XIII

English or French?

STARTING OUT

2 THINK, WRITE AND LISTEN

a. Avec votre professeur, notez et classez des mots anglais que nous utilisons en français.

SPORTS :
NOURRITURE :
VÊTEMENTS :
MONDE DU SPECTACLE :
AUTRE :

b. Écrivez les mots transparents que l'on vous dicte.

1 .... 2 .... 3 .... 4 ....

5 .... 6 .... 7 .... 8 ....

c. Écrivez les adjectifs entendus. ....

....

....

READ AND THINK

RÉFLÉCHISSEZ • RÉFLÉCHIS

1. Comme en français, le verbe *"be"* peut être verbe lexical (il a vraiment le sens d'"être"), ou auxiliaire (il aide à former des conjugaisons, des temps ou la voix passive).

• Dans les bulles, page XIII de votre manuel, s'agit-il du verbe lexical ou de l'auxiliaire ? ....

2. a. Lisez à nouveau les bulles et relevez :

- une phrase affirmative : ....

- une phrase négative : ....

- une phrase interrogative : ....

b. Dans chaque phrase, encadrez le verbe *"be"*. Observez et concluez.

• Le mot négatif .... se place .... *"be"*.

• Pour former une question avec *"be"*, il faut ....

QUELLE QUE SOIT SA NATURE, AUXILIAIRE OU VERBE LEXICAL, *"BE"* FONCTIONNE TOUJOURS DE LA MÊME MANIÈRE.

STARTING OUT

A holiday camp in England

BOOK, PP. XIV-XV

2 LISTEN, WRITE AND SPEAK

1. .... 2. .... 3. ....

4. .... 5. ....

SELF-STUDY

1 Notez le nom de ces sports.

1 ....

2 ....

3 ....

4 ....

5 ....

2 Recopiez la phrase sous la photo correspondante, puis entourez le pronom personnel.

- She is a young swimming champion. - He is in Bude to teach canoeing.
- She is not young but she is charming.

1

2

3

....

....

3 Vous connaissez maintenant la conjugaison de *"be"* au singulier du présent. Complétez-la.

I .... , you ...., he / she / it ....

4 Complétez par *"and"* ou par *"but"*.

1. Mrs Taylor is not young .... she is very sporty. 2. This is Jack .... that is Liz.

3. Liz is active .... athletic. 4. Is she artistic .... musical?

5. She is not artistic .... she is musical.

5 Apprenez par cœur.

COME TO ENGLAND! COME TO CORNWALL! COME TO BUDE! WELCOME!

CLASSWORK

1 LISTEN AND SPEAK

a. Write their first names and their nationalities. *(Écrivez leurs prénoms et leurs nationalités. Notez "?" si le renseignement n'est pas donné.)*

1

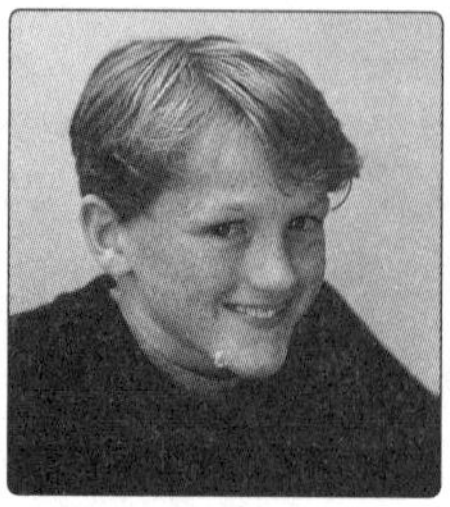
2

3

....

4

5

6

....

7

8

9

....

3 READ AND THINK

RÉFLÉCHISSEZ

"Be" et les contractions

Observez ces phrases et soulignez le verbe *"be"* (être). Puis cherchez dans le dialogue les mêmes formes de *"be"*, mais contractées, et notez-les.

1. I am the supervisor. ....
2. What is your name? ....
3. You are French. ....
4. That is my friend. ....
5. Who is this girl? ....
6. You are not French. ....

• Quels types de mot peut-on contracter? ☐ le pronom personnel ☐ le mot interrogatif ☐ *"be"* ☐ le mot négatif *"not"*

• Qu'indique l'apostrophe? ....

À L'ORAL, LES CONTRACTIONS SONT TRÈS COURANTES.
À L'ÉCRIT, ELLES SONT RÉSERVÉES À LA TRANSCRIPTION D'UN DIALOGUE OU AU LANGUAGE FAMILIER.

RÉFLÉCHISSEZ

Phonetics

La prononciation anglaise

1. Observez et écoutez.

British, **Fre**nch, **Ger**man, I**ta**lian, Aus**tra**lian and A**me**rican. We are **all friends**.

• Que représentent:

- les caractères gras? .... - maigres? .... - les flèches? ....

2. Écoutez, entourez la syllabe accentuée de chaque mot, puis prononcez-les à votre tour.

welcome   adventure   international   American   supervisor

5 LISTEN AND SPEAK

a. What cities are they from? What are their nationalities? *(De quelle ville sont-ils? Quelle est leur nationalité?)*

NAME	CITY (origin and/or residence)	NATIONALITY
Liz Moore		English, British
Jack May		Welsh, British
Phil and Cathy		
Walter Kingsley		
Deb Douglas		
Dave and Vanessa		
Wilma Lee		
Paul Fox		

SELF-STUDY

1 Relisez le dialogue. Relevez les expressions nouvelles dans votre cahier de vocabulaire.

2 À quoi se réfèrent ces pronoms personnels? Notez le nom de la personne concernée.

Ligne 2: I .... L. 9: You .... L. 11: You ....

3 Vrai *(Right)* ou Faux *(Wrong)*? Cochez la case correspondante, puis citez la phrase du dialogue qui justifie votre choix.

STATEMENT	R W	JUSTIFICATION
Mrs Taylor's name is Nelly.	☐ ☐	
She supervises the camp.	☐ ☐	
She welcomes Walter.	☐ ☐	
Cathy is Phil's friend.	☐ ☐	
Vanessa's brother is Paul.	☐ ☐	

CLASSWORK

1 LISTEN AND SPEAK

b. Listen and complete the cards. Write "?" if the information is not given.

NAME: Walter
NATIONALITY:
CITY:
TEL:

NAME: Wilma
NATIONALITY:
CITY:
TEL:

NAME: Paul
NATIONALITY:
CITY:
TEL:

3 READ AND THINK

La possession (adjectifs et génitif)

RÉFLÉCHISSEZ • RÉFLÉCHISSEZ

1. Reliez les numéros de téléphone et les postes à leurs propriétaires, puis entourez les mots qui vous ont guidé(e).

His number is 0171 734 99 59.
Her number is 0171 773 55 44.

It is her phone.

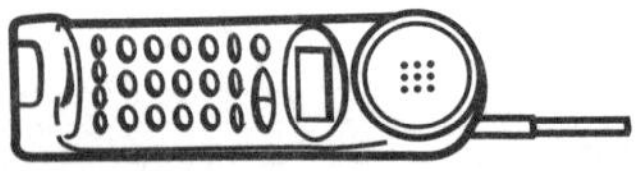

It is his phone.

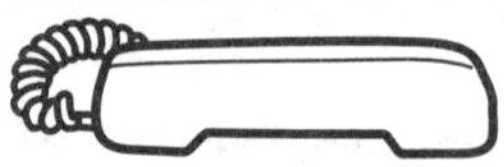

- Les mots que vous avez entourés sont des ....
- En anglais, ils s'accordent avec: ☐ l'objet possédé. ☐ le possesseur. Et en français? Et en allemand?

2. Observez ces phrases.

C'est son numéro. → It's her number. *C'est sa voiture.* → It's his car.

- Dans quelle langue a-t-on un renseignement complémentaire? ☐ en anglais. ☐ en français.
- Quel est ce renseignement? .... Entourez les mots qui vous le donnent.

3. a. Observez ces groupes nominaux.

Phil's phone - Vanessa's brother

- Le "'s" indique .... C'est un reste du génitif germanique.

Attention de ne pas le confondre avec la contraction de *"is"*.

b. Possession ou contraction de *"is"*? Notez *"is"* ou ajoutez la flèche: ↑____ .

1. Who's that? It's Jack's fiancée. 2. What's Liz's telephone number? 3. Who's Paul's friend?

RÉFLÉCHISSEZ

Phonetics

L'accentuation des mots et des phrases

1. a. Écoutez, entourez la syllabe accentuée de chaque mot , puis répétez.

telephone number parents London Vanessa thirteen thirty

b. Écoutez encore et notez le symbole [ə] au-dessus des voyelles correspondantes.

2. Écoutez cette phrase, soulignez les mots accentués, puis répétez.

My parents are in London but my sister is in New York.

- Quels types de mots sont
  - accentués? ☐ les mots lexicaux ☐ les mots grammaticaux
  - inaccentués? ☐ les mots lexicaux ☐ les mots grammaticaux
- Les mots accentués portent l'information ☐ la plus importante. ☐ la moins importante.

4 LISTEN AND SPEAK

a. Bingo! Choose your numbers.

- Write the years. [|] [|] [|] [|] [|]
- Choose three years. ....

b. How old are they?

Dave: .... Deb: .... Vanessa: .... Walter: ....

Mrs Taylor: .... Liz: .... Jack: ....

SELF-STUDY

1 **Relisez le dialogue. Relevez le vocabulaire nouveau dans votre cahier de vocabulaire.**

2 **Copiez toutes les questions de Mrs Taylor. S'il y a des contractions, restituez la forme pleine.**

....

....

....

....

3 **Complétez par un adjectif possessif. Pour la déclinaison, aidez-vous du *Remember* de votre manuel.**

1. I am French and .... father is French too.
2. The Kingsleys are American. .... house is in New York State.
3. What is .... nationality? Are you French?
4. He is in London. ....telephone number is 071 554 48 76.
5. She is the camp supervisor. ....car is here.

CLASSWORK

1 LISTEN AND SPEAK

c. Write the occupants' names. *(Écrivez le nom des occupants.)*

GIRLS' SECTION	BOYS' SECTION
Room 2 .... and	Room 1 .... and ....
Room 6 .... and	Room 3 .... and ....
	Room 5 .... and ....

■ ABOUT PHIL: ....

3 READ AND THINK

Impératif et présent simple

RÉFLÉCHISSEZ • RÉFLÉCHISSEZ • RÉ

1. a. Relevez dans le dialogue toutes les phrases contenant un verbe autre que *"be"*. Classez-les.

IMPÉRATIF (ordre ou invitation)	**SUJET + BASE VERBALE** (présent dit simple)

• Avez-vous relevé ☐ des verbes lexicaux? ☐ des auxiliaires?

• Comment se construit l'impératif? On utilise ....

• Que remarquez-vous quant à la conjugaison du présent simple? On utilise .... mais à la troisième personne du singulier on ajoute .... Cette terminaison se prononce toujours.

2. Conjuguez le verbe *"like"* au présent simple, à la forme affirmative.

I ...., you ...., he / she / it ...., we .... , ..., ...

• Seul un auxiliaire, appelé aussi un opérateur, peut se placer devant le sujet, ou porter la négation. Il est donc indispensable avec un verbe lexical, pour poser une question *(Do you speak English?)* ou pour former une phrase négative *(I do not (don't) know.)*.

• *"Do / does"* est l'auxiliaire du présent simple. Avec quelle personne emploie-t-on *"does"*? ....

3. *"Like"* ou *"likes"*? Complétez, puis justifiez la présence ou l'absence de l'auxiliaire *"do / does"*.

1. Paul .... yellow. 2. Phil doesn't .... purple. 3. Boys don't .... pink.

4. Do you .... black? 5. Jack .... it very much. 6. Does he .... blue too?

....

AU PRÉSENT SIMPLE, *"DO / DOES"* EST L'AUXILIAIRE-OPÉRATEUR INDISPENSABLE POUR FORMER UNE PHRASE INTERROGATIVE OU NÉGATIVE AVEC UN VERBE LEXICAL

RÉFLÉCHISSEZ

Phonetics

Liaisons et groupes de sens

1. Écoutez, marquez les liaisons consonne-voyelle, et répétez.

The man in black is Jack, the lady in pink is Liz, the girl in red is Deb. Who's the boy in grey?

2. Observez la phrase, écoutez, puis répondez.

Gladys	likes black and white.

- *"Gladys"* est le .... et *"likes black and white"* est le prédicat (le verbe et ses compléments).

3. a. Écoutez et entourez les numéros des phrases bien lues. 1. 2. 3. 4.

b. Écrivez la phrase que vous avez entendue. ....

4 LISTEN AND SPEAK

Who do they like? Gauguin, Picasso, Leonardo da Vinci, Monet; The Spice Girls, Brad Pitt, Mel Gibson.

CLARISSA		BRIAN	
♡	♡ (barré)	♡	♡ (barré)

SELF-STUDY

1 **Relisez le dialogue. Assurez-vous que vous comprenez tout et apprenez l'orthographe.**

2 **Relevez tous les adjectifs qualificatifs et classez-les selon leur sens.**

COLOUR	NATIONALITY	APPRECIATION	OTHER

3 **Comment le dit-on dans le dialogue?**

1. Venez voir. .... 2. Suivez-moi. ....

3. Les filles d'abord. .... 4. Nous y voici. ....

5. Dans quelle chambre es-tu? ....

6. Elle parle bien l'anglais. ....

CLASSWORK

1 LISTEN AND SPEAK

c. Write the names of the objects. Ask your teacher to spell.

....

....

3 READ AND THINK

Les démonstratifs, l'article indéfini et le pluriel

RÉFLÉCHISSEZ • RÉFLÉCHISSEZ • RÉ

1. a. Soulignez les démonstratifs et entourez les articles dans cette phrase au singulier.

This is a classroom, this is a big desk and that is an old chair.

b. Classez les démonstratifs.

- .... indique la proximité. Il sert à présenter quelqu'un ou quelque chose, et à introduire un thème.
- .... indique l'éloignement. Il sert à montrer ce qui est loin de soi ou à clore une liste, un thème.

c. Observez les articles.

- Il s'agit d'articles ☐ définis. ☐ indéfinis.
- Au singulier, cet article a deux formes: .... devant un son-consonne, ... devant un son-voyelle.

2. Observez maintenant la même phrase au pluriel.

These are classrooms, these are big desks, and those are old chairs.

- *"This"* devient .... • *"That"* devient ....
- *"A/an"* .... On peut symboliser cette absence par Ø.
- Les noms prennent un .... qui se prononce toujours.
- Les adjectifs qualificatifs ....

3. Complétez ces phrases par l'article indéfini. Puis réécrivez-les au pluriel.

1. This is .... old clock. ....
2. That is .... new exercise-book. ....
3. What is this? It is .... yellow pen. ....

"A / AN" EST UNE FORME AFFAIBLIE DE *"ONE"*. IL NE S'EMPLOIE DONC PAS AU PLURIEL.

4 LISTEN AND SPEAK

Listen and write the names in pencil. *(Écoutez et écrivez les mots au crayon, puis vérifiez avec votre professeur.)*

....

....

RÉFLÉCHISSEZ • RÉ

Phonetics

Prononciation du pluriel / réductions et contractions

1. Voici dix noms au pluriel. Indiquez la prononciation [s], [z] ou [ɪz].

scissors [ ]	books [ ]	glasses [ ]	windows [ ]	chairs [ ]
cupboards [ ]	clocks [ ]	carrots [ ]	tomatoes [ ]	oranges [ ]

2. a. Écoutez et entourez les mots qui, à l'oral, se réduisent à une seule syllabe. Soulignez l'intrus et notez le symbole correspondant au-dessus la voyelle concernée.

Who is that? It is Tom. He is my friend. What are these? They are scissors.

• Réécrivez les phrases avec des contractions. Pour l'intrus, expliquez avec votre professeur.

Who's that? ....

b. Écoutez et entourez les numéros des phrases dont le verbe est contracté. 1. 2. 3. 4. 5. 6.

SELF-STUDY

1 Relisez le dialogue. Assurez-vous que vous comprenez tout et apprenez l'orthographe des mots nouveaux.

2 Notez la prononciation de la marque du pluriel [s], [z] ou [ɪz], puis écrivez les groupes au singulier.

English books old cupboards oranges good oranges big glasses

....

3 Écrivez ces groupes au pluriel, puis notez en rouge la prononciation de la marque du pluriel.

a new pen an orange chair my desk this pencil the yellow pencil

....

POUR APPRENDRE L'HEURE, VOIR PAGE 15.

CLASSWORK

1 LISTEN AND SPEAK

c. Complete the information, then listen again and check.

■ CLARISSA'S OCCUPATION: ....

She gets up at .... Then she has a big breakfast at .... She starts teaching at .... So at .... she is famished. In the evening, she has dinner at ....

■ BRIAN'S OCCUPATION: ....

He gets up at .... and he has dinner at .... His life is more relaxed!

3 READ AND THINK

Le présent simple

1. a. Lignes 1 à 9 du dialogue, relevez une phrase où Clarissa:

- parle de ses habitudes: ....

- parle de son métier: ....

- Interroge Brian sur ses habitudes: ....

b. Entourez les formes verbales dans les phrases relevées.

- S'agit-il du ☐ présent simple? ☐ de l'impératif? Pourquoi? ....
- Ce temps permet ☐ de parler de ce qui nous caractérise (notre métier, nos goûts, nos habitudes, etc.).
  ☐ de ce que l'on est en train de faire au moment où l'on parle.

2. a. Classez ces phrases.

I start school at 7. I don't start at 9. Do you start late?
Does Phil start late? He starts at 8. He doesn't start late.

AFFIRMATION	INTERROGATION	NÉGATION

b. Comment se forme le présent simple? Complétez.

....

....

....

RÉFLÉCHIS

Phonetics

Le rythme de la phrase

1. Écoutez, soulignez les mots accentués, puis entourez le mot sur lequel on ralentit pour garder le même rythme.

There's a time to sleep, a time to eat and a time to work, but there's no time to play.

2. Écoutez, soulignez les mots accentués, puis entraînez-vous.

I get to school at eight, and then I have lunch at twelve.

POUR APPRENDRE L'HEURE, VOIR PAGE 16.

4 LISTEN AND SPEAK

b. Listen. What time is it?

- SCENE 1: [9:30] It's time to .... It's .... time.
- SCENE 2: [:] It's time to .... It's .... time.
- SCENE 3: - at the beginning [:]
  - next [:] It's time to .... It's .... time.

Conclusion: ....

SELF-STUDY

1 Relisez le dialogue. Assurez-vous que vous comprenez tout. Relevez le vocabulaire.

2 a. Relevez les adjectifs qualificatifs qui concernent Clarissa.

....

b. Complétez à l'aide des adjectifs relevés.

- Clarissa has breakfast at 6:30, so she is always .... at lunch time.
- She teaches athletics, so after school she always gets very ....

3 Répondez aux questions par des phrases complètes.

1. What time of day is it? Where are Brian and Clarissa? ....

....

2. What is Clarissa's problem? ....
3. Is Brian a teacher? What does he do? ....
4. What does he eat in the morning? ....

....

5. What nationality is Clarissa's roommate? ....
6. What time does she have dinner? ....

CLASSWORK

2 LISTEN

Take notes on Max.

....

....

....

....

....

3 READ

a. Read and find their names.

1. .... 3. ....

2. .... 4. ....

b. Read again and note down all the transparent words. *(Lisez de nouveau et relevez les mots transparents.)*

TRANSPARENT WORDS	
like French words	like German words

4 DICTATION

....

....

....

....

....

....

....

....

....

1 – How to READ

1 QUE LISEZ-VOUS?

Faites une liste de ce que vous êtes amené(e) à lire.

CHEZ MOI	
DANS LA RUE	
À L'ÉCOLE	
DANS LES LIEUX PUBLICS	
AUTRES	

2 QUE SAVEZ-VOUS AVANT MÊME DE LIRE?

Selon l'endroit où vous vous trouvez, vous vous attendez à lire tel ou tel texte. La situation vous aide donc à comprendre, et accélère vos réactions.
Identifiez les documents de votre manuel, et dites ce qui vous a permis de le faire.

	TYPE DE DOCUMENT	CE QUI M'A AIDÉ(E) À L'IDENTIFIER
1		
2		
3		
4		
5		
6		

Regardez le document numéro 6. Répondez à ces questions.

1. De quel repas s'agit-il? Comment le savez-vous? ....

....

2. Que pouvez-vous manger si vous n'avez que 70p ("p": pence)? ....

....

3. Que vous servira-t-on si vous commandez le menu à £2.70? ....

....

P.T.O. →

3 POURQUOI LISEZ-VOUS, ET COMMENT?

Comment liriez-vous chacun des documents de la page 13 de votre manuel? Notez le(s) numéro(s) du document correspondant.

- Parcours des yeux, pour savoir de quoi il s'agit: ....
- En diagonale, pour trouver un renseignement précis: ....
- Pour le plaisir et pour connaître l'histoire: ....
- Mot à mot, pour tout comprendre ou pour mémoriser: ....

One more step

Regardez bien ce document en le parcourant des yeux. Puis répondez en français.

1. De quoi s'agit-il? ....
2. Nom du centre: ....
3. Adresse: rue .... ville: ....
   comté: .... pays: ....
4. Le bâtiment est: ☐ en centre ville. ☐ isolé.
   Justifiez votre réponse: ....
   ....
5. Capacité d'accueil: ....
6. Nombre d'activités par jour: ....

MULTI ACTIVITY ADVENTURE HOLIDAYS

Adventure International enterprises Ltd

RIGHT IN THE CENTRE OF BUDE - CORNWALL

★ Superbly equipped & located multi-activity centre.
★ Capacity 300. ★ Top class instruction.
★ First class equipment. ★ Friendly atmosphere.
★ Good food and excellent accommodation.
★ All courses conducted within a framework of safety.
★ Courses daily for non-residents.
★ 24 HOUR SUPERVISION
★ 3 ACTIVITIES PER DAY
★ FRIENDLY, BUT STRICT

IDEAL FOR SCHOOLS.

Adventure International, Belle Vue, Bude
Cornwall. EX23 8JP. Tel : 0288 35555 1/2

7. Vrai ou faux? Cochez et <u>justifiez les réponses exactes par une citation du texte</u>.

LE DOCUMENT INSISTE SUR ...	V	F	JUSTIFICATION
... les multiples activités de vacances.	☐	☐	....
... les excellents cours de langue.	☐	☐	....
... la qualité de l'encadrement.	☐	☐	....
... la qualité de l'équipement.	☐	☐	....
... la qualité de la nourriture.	☐	☐	....
... la qualité des chambres.	☐	☐	....
... la qualité des plages.	☐	☐	....
... la possibilité d'y venir pour une journée.	☐	☐	....

What time is it?

1 LISTEN AND SPEAK

a. Listen and learn the time.

1 ....

2 ....

3 ....

4 ....

5 ....

6 ....

7 ....

8 ....

9 ....

10 ....

Now go back to page 10.

suite

4 LISTEN AND SPEAK

a. Continue to learn the time.

1 .... 2 .... 3 ....

4 .... 5 .... 6 .... 7 ....

b. Listen and draw the hands on these clocks.

1

2

3

4

5

6

Now go back to page 11.

Révision du chapitre 1

❖ LES DÉTERMINANTS

1 Complétez par *"a / an"*, *"the"* ou *"Ø"* (article zéro).

1. What is this in English? It is .... old pair of scissors. 2. These are .... scissors too.

3. I like .... blue. 4. I like .... blue of my room. 5. Do you like .... green?

6. I like .... English. 7. I don't like .... English boys. 8. Look at .... boys in .... garden.

9. I go to .... school at 8am. 10. Come to .... England. .... England is lovely!

2 Mettez ces phrases au pluriel.

1. I am an English girl and this is my house. ....

2. He is an artistic boy. His room is lovely. ....

3. This man likes art. Look at this beautiful painting! ....

4. That child is a good cook. He cooks well. ....

5. The woman in red is a teacher. She is from London. ....

❖ *"BE"* ET *"LIKE"*

3 Complétez par le verbe à la forme qui convient.

1. My name .... Nelly, and I ♡ .... English. 2. My parents .... 40 years old and I .... 14.

3. I live in Cornwall. I ♡ .... Cornwall very much. 4. My father .... a farmer.

5. He ♡ .... Cornwall too. 6. My mother .... from Cornwall. 7. She .... from London.

8. She ♡ .... nature. 9. .... you from a city or from a village? 10. .... you ♡ .... nature?

4 Qui aime qui? Faites des phrases ou répondez aux questions.

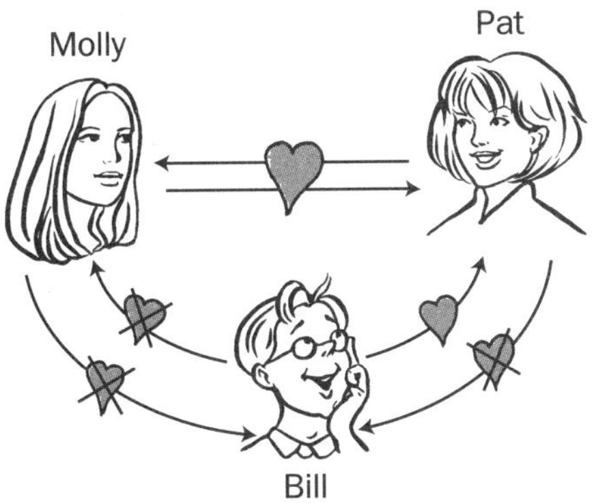

Pat ....

....

....

Does Molly like Pat? ....

Do the girls like the boy? ....

❖ LES QUESTIONS EN *WH-*

5 Préparez quinze questions commençant par un mot en *"Wh"* ou par *"How"*. Vous voulez savoir:

1. le nom de quelqu'un. 2. sa nationalité. 3. sa ville d'origine. 4. son âge. 5. quelle couleur il aime. 6. la couleur de sa chambre. 7. où se trouve son frère. 8. où se trouvent ses parents. 9. le nom de sa mère. 10. l'âge de son père. 11. pourquoi il est ici. 12. à quelle heure il se lève. 13. ce qu'il prend au petit déjeuner. 14. où il va à l'école. 15. quand il commence à travailler.

Voir corrections en p. 112.

CLASSWORK

1 LISTEN AND SPEAK

c. When are their birthdays? *(Notez leurs dates d'anniversaire.)*

- WALTER:.. ■ CATHY:..
- VANESSA:.. ■ PHIL:..
- DEB:.. ■ PAUL:..

2 SPEAK

b. Birthdays in your class. Note down how many birthdays there are each month. Write two or three names you want to remember.

JANUARY	FEBRUARY	MARCH	APRIL	MAY	JUNE
JULY	AUGUST	SEPTEMBER	OCTOBER	NOVEMBER	DECEMBER

3 READ AND THINK

"There is" / les dates

RÉFLÉCHISSEZ • RÉFLÉCHISSEZ

1. a. Observez, soulignez le verbe et entourez le mot avec lequel il s'accorde.

There is one birthday in May. There are two birthdays in June.

- *There is / are* indique la présence ou l'absence. Quelle construction emploie-t-on en français? Comparez.

b. Complétez avec *"there is / there are"* à la forme qui convient.

1. At Adventure International .... campers from Europe, America and Australia.

2. .... a canoeing instructor from Wales. His name is Jack.

3. .... a swimming instructor? 4. Yes, ... Her name is Liz.

2. a. Écrivez ces dates en chiffres.

- The first of May: .... - The thirty-first of July:.............................. - The sixth of April:..............................

b. Lisez à haute voix. June 3rd - November 22nd - August 30th - February 21st

c. Soulignez les prépositions: on May 10th - in 1997 - in summer - on Tuesday - in May

- On emploie *"in"* devant ☐ une durée. ☐ un jour précis.
  "on" devant ☐ une durée. ☐ un jour précis.

d. Complétez par *"in"* ou *"on"*.

Christmas Day is .... December 25th, ... the holidays, ... winter.

RÉFLÉCHISSEZ • RÉ

Phonetics

Accent de mot / transcription phonétique

1. Écoutez, entourez les syllabes accentuées, puis notez [ə] au-dessus des voyelles correspondantes.

April July August October Saturday summer autumn

2. a. Écoutez et barrez les syllabes ou les lettres qui disparaissent à l'oral, puis répétez.

favourite restaurant February Wednesday

b. L'alphabet phonétique permet de visualiser la prononciation. Écrivez le mot à côté de sa transcription phonétique: famous - favourite - August

['feɪvərit] .... ['ɔːgʌst] .... ['feɪməs] ....

• Quel symbole indique la syllabe accentuée? .... Lequel indique que la voyelle est longue? ....

5 LISTEN AND SPEAK

a. Favourite festivals. Listen and take notes.

■ DAY: .... ■ CONSEQUENCE: ....

■ INFORMATION ABOUT JENNY: ....

....

....

■ INFORMATION ABOUT MARK: ....

....

....

SELF-STUDY

1 Relisez le dialogue. Assurez-vous que vous comprenez tout.

2 Vrai *(Right)* ou Faux *(Wrong)*? Cochez la case correspondante, puis citez la phrase du dialogue qui justifie votre choix.

STATEMENT	R W	JUSTIFICATION
Paul knows when Walter's birthday is.	☐ ☐	
Walter was born in spring.	☐ ☐	
Deb was born in autumn.	☐ ☐	
Cathy and Phil are twins.	☐ ☐	
Paul was born in summer.	☐ ☐	

CLASSWORK

1 LISTEN AND SPEAK

b. Listen and complete.

- NAME: .... ■ OWNER'S NAME: ....
  (propriétaire)

- NAME: .... ■ OWNER'S NAME: ....
- SEX: ☐ he ☐ she
- BREED: ☐ fox terrier ☐ German shepherd ☐ boxer ☐ bull dog ☐ French poodle ☐ pitbull
- QUALITIES AND DEFECTS: ☐ clean ☐ dirty and smelly ☐ noisy ☐ quiet ☐ clever ☐ stupid ☐ sweet ☐ aggressive

- PAUL'S MOTHER'S PETS: ....

3 READ AND THINK

Have

RÉFLÉCHISSEZ • RÉFLÉCHISSEZ •

1. a. Relevez dans le dialogue, lignes 15 à 20, toutes les formes verbales qui expriment la possession. Classez-les, trouvez un titre à chaque colonne et concluez.

• Le verbe .... peut exprimer la possession. En anglais britannique, on lui ajoute souvent *"got"*.

b. Repérez les contractions, lignes 1 à 9 du dialogue, et dites à chaque fois de quel auxiliaire il s'agit.

2. a. Observez votre *Remember* de la page 21 et comparez la conjugaison de *"have"* à celle de *"like"*, page 7.

• Ici, *"Have"* fonctionne comme ☐ un verbe lexical. ☐ un auxiliaire.

• À quoi le savez-vous? ....

• Au début du dialogue, Paul dit: *"Have you got a pet?"* Cependant, s'il était américain, il aurait dit: *"Do you have a pet?"* Dans ce cas, "have" fonctionne ☐ comme un verbe lexical. ☐ un auxiliaire.

b. Observez maintenant la phrase suivante: *What time do you have lunch?*

• Quel sens prend le verbe *"have"*? ....

• S'agit-il alors ☐ d'un verbe lexical? ☐ d'un auxiliaire? À quoi le savez-vous? ....

RÉFLÉCHISSEZ • RÉ

Phonetics

L'accentuation des mots et des phrases

1. Écoutez, entourez la syllabe accentuée de chaque mot, puis répétez.

adorable horrible affectionate animals elephants

2. Écoutez, soulignez dans chaque phrase le mot le plus accentué de tous, puis concluez.

Dave has got a little mouse called Mickey. Dave's got a little white mouse called Mickey.

Dave's got a lovely little white mouse called Mickey.

• Dans une situation neutre, il y a une dynamique croissante qui fait que le dernier mot lexical de la phrase est ....

• Lorsqu'on ajoute une information nouvelle, on accentue ....

3. Retrouvez les mots. Si nécessaire, regardez le tableau de phonétique, page XI de votre manuel.

[maʊs] .... [keɪdʒ] .... [kɔːld] ....

4 LISTEN AND SPEAK

a. "For or against pets?" Listen and take notes. *(Pour ou contre les animaux? Prenez des notes.)*

■ LOCATION: They are ....

■ THEIR ATTITUDES TO PETS: Liz: ....

Harry: ....

Mary: ....

....

■ ABOUT MRS TAYLOR'S PET: ....

SELF-STUDY

1 **Relisez le dialogue. Assurez-vous que vous comprenez tout.**

2 **Soulignez le complément, et notez le pronom qui peut le remplacer.**

1. Do you like English? ....
2. I love my parents. ....
3. Does your mother like chocolate? ....
4. Look at Liz. ....
5. I don't like Picasso very much. ....
6. I don't know Paul's mother. ....

3 **Répondez en utilisant un pronom personnel complément.**

Ex: Do you like Madonna? *Yes, I like her.* ou *No, I don't like her.*

1. ... the Spice Girls? ....
2. ... Céline Dion? ....
3. ... Leonardo Di Caprio? ....
4. ... chocolate? ....
5. ... carrots? ....

CLASSWORK

1 LISTEN AND SPEAK

b. Listen, comment and then complete.

▪ CHARACTERS: .... ▪ CONVERSATION TOPIC: ....

▪ ABOUT WALTER: He has got ....

....

▪ VANESSA'S ATTITUDE: ....

▪ CAUSE: ....

....

3 READ AND THINK

L'interrogation

RÉFLÉCHISSEZ • RÉFLÉCHISSEZ • RÉFLÉCHIS

1. a. Une question qui commence par un mot en *"Wh"* (ou *"How"*) s'appelle une *"Wh-question"*. Quel renseignement cherche-t-on à obtenir lorsqu'on utilise:

- Who?.................... - What time?.................... - How old?....................

- What?.................... - When?.................... - How many?....................

b. Complétez par les mots interrogatifs qui conviennent et entourez le sujet de chaque question.

1. .... televisions has Walter got? 2. .... is his mother ? She's 41.

3. .... do you get up in the morning? 4. .... are the holidays ?

• Quel type de mot précède toujours le sujet dans ces questions?....................

• Entourez le sujet de cette phrase: "Who understands?"

• Ici le mot interrogatif est le .... de la phrase. Que remarquez-vous?....................

2. a. Relevez maintenant les questions du dialogue et entourez les sujets.

1. ....

2. ....

3. ....

• Ces questions s'appellent des *"Yes / No questions"*. Pourquoi?

....

b. Complétez ces *"Yes / No questions"*.

1. .... this your boat? 2. .... you like it? 3. .... you got a computer?

4. .... these your parents? 5. .... they work in London? 6. .... they got a car?

RÉFLÉCHISSEZ • RÉ

Phonetics

Intonation des phrases déclaratives

1. Indiquez par des flèches (↗ ↘) les endroits où la voix monte fortement, puis chute.

Walter's house is enormous! He's got three televisions! He's so lucky!

b. Entourez le numéro des phrases lues avec une intonation anglaise. 1. 2. 3. 4. 5. 6.

2. Écoutez et indiquez par une flèche si la voix monte ou descend à la fin des phrases.

Walter's got a big house. He's got a swimming-pool. Vanessa says he's lucky.

• À la fin d'une phrase déclarative (affirmative, négative, exclamative), la voix .... pour indiquer que l'on est sûr de ce que l'on dit.

3. Retrouvez les mots. [kəm'pju:tə] .... [gɒt] .... [aʊə] ....

4 LISTEN AND SPEAK

Who collects what? How many has (s)he got? A lot? +++ Not many? + *(Que collectionnent-ils? Combien en ont-ils? Beaucoup +++? Pas beaucoup +?)*

DAVE	WALTER	VANESSA

SELF-STUDY

1 Relisez le dialogue. Assurez-vous que vous comprenez tout.

2 Lignes 1 à 10 du dialogue, repérez toutes les phrases qui comportent une contraction, et réécrivez-les sans contraction.

....

....

....

....

3 a. Complétez par *"a / an"*, ou *"the"*. S'il y n'y a rien à ajouter, notez "Ø" (article zéro).

1. I've got .... computer. 2. It's on .... desk. 3. Do you like .... computers?

4. He's got .... enormous car. 5. Do you like .... American cars? 6. Where's ....car?

7. It's in ....garage. 8. He likes ....posters. He has got .... poster of "Titanic".

b. Notez les numéros des phrases où l'article indique:

- celui-ci / celle-là précisément: phrases n° ....
- toute la catégorie en général: phrases n° ....
- un(e) parmi d'autres: phrases n° ....

CLASSWORK

1 LISTEN AND SPEAK

c. Listen and comment.

■ OWNER'S NAME: ....

■ QUALITIES AND DEFECTS: ....

....

■ OWNER'S NAME: ....

■ QUALITIES AND DEFECTS: ....

....

■ ABOUT THE TAYLORS: ....

....

■ ABOUT THE DUPUIS: ....

■ ABOUT WILMA'S PARENTS: ....

3 READ AND THINK

La possession

RÉFLÉCHISSEZ • RÉFLÉCHISSEZ •

1. a. Entourez la marque de la possession dans la question et la réponse.

Whose car is it? It is Jack's car.

- Comment appelle-t-on la construction: nom + *"-s"* + nom? ....
- *"Whose"* est aussi un génitif. De quel mot interrogatif? ....

b. À l'oral, *"whose"* et *"who's"* se ressemblent. Complétez par *"whose"*, *"who is"* ou *"who has"*.

1. .... car is this? 2. .... got a dirty car? 3. .... this girl?

4. .... got a French poodle? 5. .... canaries are these?

2. a. Dans le dialogue de votre manuel, relevez tous les mots ou groupes qui expriment la possession.

- adjectifs possessifs: .... - pronom possessif: ....

- génitifs: ....

.... - mot interrogatif: ....

- verbes: ....

b. Que représente les *"'s"*? Notez *"is"*, *"has"*, ou la flèche ↑____↓ pour le génitif.

1. Liz's car's dirty. 2. Wilma's a nice girl. 3. Vanessa's got lots of pets.

4. What's her dog's name? 5. He's a French poodle.

RÉFLÉCHISSEZ •

Phonetics

L'intonation des questions

1. Écoutez et notez une flèche pour indiquer si la voix monte ou descend à la fin de chaque question.

Do you like this car? Whose car is it? Is it yours? What make is it?

• Dans une question qui commence par un mot en *"wh-"*, la voix ...., car on cherche simplement une précision concernant une situation déjà connue.

• Dans les autres questions, ...

2. Que doit faire la voix à la fin de ces questions? Dessinez la flèche (↗ ↘), puis écoutez et répétez.

Have your parents got a car? What colour is it? How old is it? Is it fast?

3. Retrouvez les mots. [hu:z] .... ['gærɑ:ʒ] .... [laɪts] ....

5 LISTEN AND SPEAK

Whose are they? Holly's or Hazel's? Write "Ho" or "Ha" and complete the drawing. *(À qui sont ces vêtements? À Holly? À Hazel? Écrivez* "Ho" *ou* "Ha" *et complétez le dessin.)*

■ MORE DETAILS ABOUT THE NITWIT SISTERS: ....

....

....

SELF-STUDY

1 **Relisez le dialogue. Assurez-vous que vous comprenez tout.**

2 **Relevez dans le dialogue tous les adjectifs au comparatif, puis écrivez la phrase complète.**

Ex: Newer → Jack's car is newer than Liz's car.

....

....

....

3 **Relevez tous les verbes autres que *"be"* et *"have"*. Vérifiez leur sens et apprenez-les.**

....

CLASSWORK

1 LISTEN AND SPEAK

b. Listen and comment. Then complete from memory.

- IT'S TIME FOR ... ☐ the swimming lesson. ☐ the English lesson. ☐ the tennis lesson.
- PROBLEM WITH THE GIRLS' ROOM: ....
- WHAT THE GIRLS MUST DO NOW: ....
- MRS TAYLOR'S REACTION TO THE BOYS' ROOM: .... CAUSE: ....
- THE BOYS' PROBLEM: ....
- WHAT THEY MUST DO NOW: ....

3 READ AND THINK

Les *tag-questions*

RÉFLÉCHISSEZ • RÉFLÉCHISSEZ

1. a. Les phrases suivantes contiennent chacune une affirmation, et une question. Soulignez les questions.

The boys are tidy, aren't they? The room is small, isn't it? Cathy has got a racket, hasn't she?

• Vous avez souligné des *"tags"*. Un *"tag"* permet soit:
- de confirmer une information dont on n'est pas sûr. Dans ce cas, la voix ....
- de souligner que l'on est sûr de ce que l'on dit. Dans ce cas, la voix ....

b. Dans la partie affirmative des phrases, soulignez le sujet et entourez le verbe. Puis observez le *"tag"* et expliquez-en la construction.

....

c. Entourez les verbes, soulignez les sujets, puis compétez par le *"tag"* qui convient.

1. Jack is in the hall, ...? 2. The TV is in the bedroom, ...?

3. The girls are downstairs, ...? 4. Jack has got a big car, ...?

5. The balls are in the cupboard, ...? 6. Gladys likes tidy rooms, ...?

2. Vous savez désormais que si l'affirmation est positive, le *"tag"* doit être négatif. Et si l'affirmation est négative? Proposez des *"tags"* pour les phrases suivantes.

1. The boys aren't tidy, ...? 2. The room isn't small, ...?

3. Cathy hasn't got a racket, ...? 4. Mrs Taylor isn't pleased, ...?

FAITES COMME LES ANGLAIS ! UTILISEZ DES "TAGS" !

Paul is ..., isn't he? Liz likes..., doesn't she?
Walter hasn't got ..., has he? The girls are not ..., are they?

RÉFLÉCHISSEZ.

Phonetics

L'intonation des *"tag-questions"*

1. a. Écoutez et indiquez par une flèche si la voix monte ou descend à la fin des phrases.

1. This room is tidy, isn't it? 2. Your name is Walter, isn't it? 3. You live in New York, don't you?
4. These jeans are nice, aren't they? 5. Wilma hasn't got a dog, has she?

b. Classez les phrases: questions *(incertitude)* .... **affirmations** *(certitude)* ....

2. Écoutez et entourez le numéro des phrases qui sont des vraies questions. 1 2 3 4

3. Retrouvez les mots.

['evrɪweə] .... ['kʌbəd] .... ['reɪdɪeɪtə] ....

4 LISTEN AND SPEAK

Where are they? Who are they looking for? *(Où sont-ils? Qui cherchent-ils?)*

- Where is Mrs Taylor? ☐ in her room ☐ in her office ☐ in the kitchen
- Who is looking for Vanessa? .... ▪ Where is she? ....
- Who is looking for Paul and Dave? .... ▪ Where are they? ....
- Who is looking for Jack? .... ▪ Where is he? ....

Suggest another title for the scene: ....

SELF-STUDY

1 **Relisez le dialogue. Assurez-vous que vous comprenez tout.**

2 **Répondez par des phrases complètes.**

1. Why is Mrs Taylor surprised and cross? ....

....

2. Where is Cathy's dress? Where must she put it? ....

....

3. Where are Vanessa's shoes? What must Cathy do with them? ....

....

4. How do you know Cathy plays tennis? ....

....

5. Why is Mrs Taylor pleased with the boys? ....

....

3 **Relevez les noms de tous les objets qui font partie de la pièce ou du mobilier.**

....

BOOK, P.28

CLASSWORK

2 LISTEN

Who are the owners? Write their names.

■ MORE ABOUT MRS TAYLOR? ....

3 READ

Read and answer the riddles. Then note down the clues (the words that helped you). *(Répondez aux devinettes et notez les mots qui vous ont guidé(e).)*

ANSWER	CLUES
TEXT 1:	
TEXT 2:	
TEXT 3:	
TEXT 4:	

4 DICTATION

1 CONSTRUISEZ LE SENS À PARTIR DE CE QUE VOUS COMPRENEZ.

1. Parcourez des yeux le document de la page 29 de votre manuel, puis répondez.

• De quoi s'agit-il? .... • Comment le savez-vous? ....

....

PARTIR DE CE QUE L'ON COMPREND

2. Lisez maintenant en vous concentrant seulement sur ce que vous comprenez. Puis fermez votre manuel et répondez.

• La personne qui écrit s'appelle: ☐ Pat Muller. ☐ Pat Meller. ☐ Pat Mahler. ☐ Pat Miller.

• Elle habite à: ☐ Montpellier. ☐ Bude. ☐ Bristol. ☐ Birmingham.

• Elle parle de: ☐ son identité. ☐ sa maison. ☐ sa chambre. ☐ ses parents.
☐ son frère. ☐ sa sœur. ☐ l'école. ☐ sa matière préférée.
☐ ses chats. ☐ ses chiens. ☐ ses collections. ☐ les collections de sa sœur.

S'AIDER DES NOMS PROPRES

3. Relisez la lettre, relevez les noms propres, et classez-les.

- noms de personnes: .... - noms d'animaux: ....

- noms de lieu: ....

- mois de l'année: ....

• À quoi reconnaît-on un nom propre en anglais? ....

• Relevez dans le texte le mot qui prend une majuscule, mais qui n'est pas un nom ....

Quelle est sa catégorie grammaticale? ....

S'AIDER DES MOTS TRANSPARENTS

4. Relisez encore la lettre et relevez tous les mots transparents qui ressemblent au français.

• orthographe identique au français: ....

....

• orthographe légèrement différente du français: ....

....

5. Si vous êtes germaniste, relevez les mots qui ressemblent à l'allemand.

....

....

P.T.O. →

BOOK, P. 29

2 – How to READ
suite

2 LES MOTS INCONNUS

1. Relevez les mots de la lettre que vous ne comprenez toujours pas, notez la nature grammaticale (nom, verbe, adjectif, adverbe, etc.) en vous aidant du contexte, puis imaginez le sens possible.

MOT INCONNU	NATURE GRAMMATICALE	SENS POSSIBLE

2. Comparez avec la classe. En cas de désaccord, cherchez le sens des mots sur lesquels vous avez buté.

CONNAÎTRE LE DICTIONNAIRE

1
DISTINGUER LES DEUX PARTIES : ANGLAIS / FRANÇAIS - FRANÇAIS / ANGLAIS

De quelle partie s'agit-il ? A/F ou F/A ?

fiscal /ˈfɪskl/ *a.* fiscal.
fish fɪʃ/ *n.* (*usually invar.*) poisson *m.* —*v.i.* pêcher. ~ **for,** (*cod etc.*) pêcher. ~ **out,** (*from water*) repêcher; (*take out: fam.*) sortir. ~ **shop,** poissonnerie *f.* **~ing** *n.* pêche *f.* **go ~ing,** aller à la pêche. **~ing rod,** canne à pêche *f.* **~y** *a.* de poisson; (*fig.*) louche.
fisherman /ˈfɪʃəmən/ *n.* (*pl.* **-men**) *n.* pêcheur *m.*
fishmonger /ˈfɪʃmʌŋgə(r)/ *n.* poissonn|ier, -ière *m.*, *f.*

....

stage /steɪdʒ/ *n.* (*theatre*) scène *f.*; (*phase*) stade *m.*, étape *f.*; (*platform in hall*) estrade *f.* —*v.t.* mettre en scène; (*fig.*) organiser. **go on the ~,** faire du théâtre. **~-coach** *n.* (*old use*) diligence *f.* ~ **door,** entrée des artistes *f.* ~ **fright,** trac *m.* **~-manage** *v.t.* monter, organiser. **~-manager** *n.* régisseur *m.*
stagger /ˈstægə(r)/ *v.i.* chanceler. —*v.t.* (*shock*) stupéfier; (*holidays etc.*) étaler. **~ing** *a.* stupéfiant.
stagnant /ˈstægnənt/ *a.* stagnant.

....

poison /pwazɔ̃/ *n.m.* poison.
poisseu|x, ~se /pwasø, -z/ *a.* sticky.
poisson /pwasɔ̃/ *n.m.* fish. ~ **rouge,** goldfish. ~ **d'avril,** April fool. **les P~s,** Pisces.
poissonn|ier, ~ière /pwasɔnje, -jɛr/ *n.m.*, *f.* fishmonger. **~erie** *n.f.* fish shop.

....

2
COMPRENDRE LES ABRÉVIATIONS

Dans les extraits ci-dessus, surlignez toutes les abréviations et écrivez-les en toutes lettres.

....

....

....

....

3

COMPRENDRE LA PRÉSENTATION, LES CARACTÈRES, LES SYMBOLES

Complétez la légende.

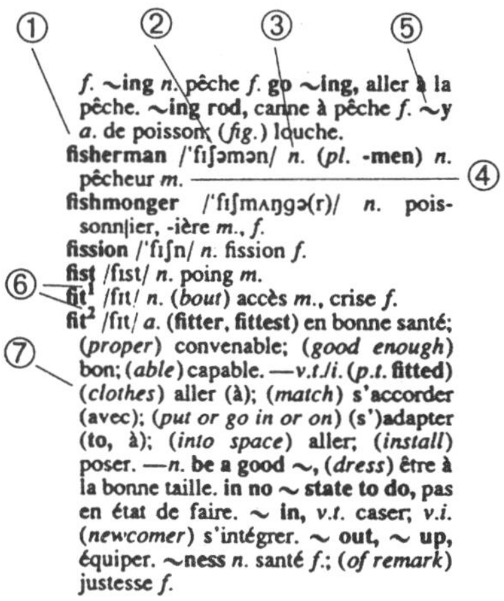

f. **~ing** *n.* pêche *f.* **go ~ing,** aller à la pêche. **~ing rod,** canne à pêche *f.* **~y** *a.* de poisson; (*fig.*) louche.
fisherman /ˈfɪʃəmən/ *n.* (*pl.* **-men**) *n.* pêcheur *m.*
fishmonger /ˈfɪʃmʌŋgə(r)/ *n.* poissonn|ier, -ière *m., f.*
fission /ˈfɪʃn/ *n.* fission *f.*
fist /fɪst/ *n.* poing *m.*
fit[1] /fɪt/ *n.* (*bout*) accès *m.*, crise *f.*
fit[2] /fɪt/ *a.* (**fitter, fittest**) en bonne santé; (*proper*) convenable; (*good enough*) bon; (*able*) capable. —*v.t./i.* (*p.t.* **fitted**) (*clothes*) aller (à); (*match*) s'accorder (avec); (*put or go in or on*) (s')adapter (to, à); (*into space*) aller; (*install*) poser. —*n.* **be a good ~,** (*dress*) être à la bonne taille. **in no ~ state to do,** pas en état de faire. **~ in,** *v.t.* caser; *v.i.* (*newcomer*) s'intégrer. **~ out, ~ up,** équiper. **~ness** *n.* santé *f.*; (*of remark*) justesse *f.*

1. ....

2. ....

3. ....

4. ....

5. ....

6. ....

7. ....

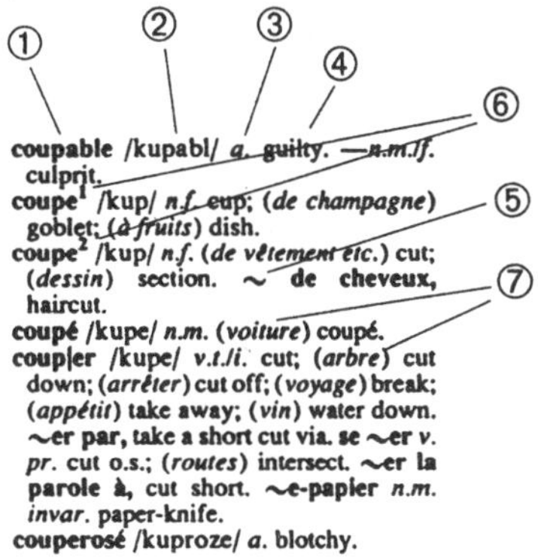

coupable /kupabl/ *a.* guilty. —*n.m./f.* culprit.
coupe[1] /kup/ *n.f.* cup; (*de champagne*) goblet; (*à fruits*) dish.
coupe[2] /kup/ *n.f.* (*de vêtement etc.*) cut; (*dessin*) section. **~ de cheveux,** haircut.
coupé /kupe/ *n.m.* (*voiture*) coupé.
coup|er /kupe/ *v.t./i.* cut; (*arbre*) cut down; (*arrêter*) cut off; (*voyage*) break; (*appétit*) take away; (*vin*) water down. **~er par,** take a short cut via. **se ~er** *v. pr.* cut o.s.; (*routes*) intersect. **~er la parole à,** cut short. **~e-papier** *n.m. invar.* paper-knife.
couperosé /kuproze/ *a.* blotchy.

LES ÉTAPES POUR BIEN LIRE

1
ANTICIPER

Que vous apprennent les titres, les illustrations, l'introduction ?
Lisez **en diagonale**, pour répondre à quatre questions :

Quoi ?
Lettre, publicité, poème, magazine, récit, etc.

Où ?
Repérez les noms de lieux.

Qui ?
Repérez les noms propres, les titres, les métiers.

Quand ?
Repérez les dates, les marqueurs de temps.

2
LIRE POUR LE SENS GÉNÉRAL

Lisez **paragraphe par paragraphe** en insistant sur la **première et la dernière phrase** de chaque paragraphe.
Concentrez-vous sur ce que vous comprenez.
Êtes-vous capable de vous raconter en français de quoi il s'agit ?

3
LIRE POUR LES DÉTAILS

Prenez connaissance de la **tâche** à exécuter.
Lisez le texte progressivement avec **soin et précision**.
Aidez-vous des **mots transparents**, des **chiffres**, de la **formation des mots** et du **contexte** pour comprendre l'essentiel.
Utilisez le dictionnaire seulement si nécessaire.
Tenez votre **cahier de vocabulaire** au fur et à mesure.
Ne notez pas tout. Choisissez ce qui est **important pour vous**.

4
MÉMORISER L'ESSENTIEL POUR POUVOIR RACONTER OU RÉSUMER

Essayez de raconter l'histoire **en anglais**:
livre ouvert en vous aidant des titres, sous-titres, photos, etc;
livre fermé, *Workbook* ouvert;
sans aucun support.

Révision du chapitre 2

❖ *"HAVE GOT"* ET LA POSSESSION

1 Complétez ces phrases par la forme verbale qui convient: *"have got"*, *"has got"*, *haven't got"*, etc.

1. Mrs Taylor .... two children. 2. .... she .... a pet? 3. Yes she ....

a dog, but she .... a cat. 4. .... you .... a cat? 5. Yes / No, I ....

2 Complétez par *"who"* ou par *"whose"*.

1. .... book is this? 2. ....is at the door? 3. .... car do you prefer?

4. .... is that man? 5. .... likes chocolate?

3 Répondez en utilisant un pronom possessif (*"mine"*, *"his"*, *"hers"*, etc.).

1. Is this Liz's car? Yes, ... 2. Is this your bike? No, ...

3. Are these Paul's and Walter's shoes? Yes, ... 4. Is this Jack's racket?

No, ... 5. Are those Liz's glasses? Yes, ...

❖ LES PRONOMS PERSONNELS SUJETS ET COMPLÉMENTS

4 Écrivez les pronoms personnels qui correspondent aux noms soulignés.

1. Jack loves Liz. 2. Liz loves Jack. 3. Do you like Jack and Liz? 4. Mrs Taylor doesn't like Rock and Roll.

....

5 Traduisez.

1. Est-ce que tu aimes la natation? Oui, j'aime bien cela. ....

2. Connais-tu Gladys? Oui, je la connais. ....

3. Je ne connais pas ses enfants. Les connais-tu? ....

❖ LES *"TAGS"*

6 Faites des phrases complètes et ajoutez un *"tag"*.

1. Jack / love / Liz ....

2. Liz / not / like / rugby ....

3. Liz's car / dangerous / Jack's ....

4. Cathy / not / collect / charms ....

5. Walter / have got / swimming-pool ....

6. The campers / tidy / room ....

7. These / children / English ....

8. Gladys / keys / in / car ....

Voir corrections en p. 112.

FAITES LE POINT

CE TRIMESTRE

➠ Je suis...

❑ très content(e) de mes résultats.
❑ assez content(e) de mes résultats.
❑ pas très content(e) de mes résultats.
❑ honteux (euse) de mes résultats.

EN CLASSE

➠ Pendant les cours...

❑ je suis toujours attentif (ve).
❑ je suis souvent attentif (ve).
❑ je pourrais être plus attentif (ve).
❑ je suis rarement attentif (ve).

➠ Je suis...

❑ très bavard(e). ❑ assez bavard(e). ❑ assez discipliné(e). ❑ très discipliné(e).

❑ Je ne parle presque jamais français.
❑ Je parle rarement français.
❑ Je parle quelquefois français.
❑ Je parle français trop souvent.

➠ Quand le professeur nous sollicite...

j'essaie de prendre la parole en anglais ❑ souvent. ❑ quelquefois. ❑ rarement.

➠ Quand on écoute la cassette...

❑ j'essaie toujours de "voir" la scène pour comprendre. Je m'accroche.
❑ j'essaie souvent de "voir" la scène pour comprendre. Je décroche quelquefois.
❑ je commence par écouter, mais mon esprit se disperse vite.
❑ le plus souvent, j'attends la fin de l'enregistrement en pensant à autre chose.

Je me donne une note pour mon travail et ma discipline en classe: ..../10

À LA MAISON

➠ Je travaille...

❑ très régulièrement. ❑ assez régulièrement. ❑ de temps en temps. ❑ rarement.

➠ Ma méthode

• J'ai les cassettes :

❑ Je les écoute régulièrement et je fais mes devoirs écrits après avoir appris ma leçon.
❑ Je commence par faire mes devoirs écrits. J'écoute parfois les cassettes.
❑ Je n'écoute jamais les cassettes, et je fais mes devoirs avant d'avoir appris ma leçon.

• Je n'ai pas les cassettes :

❑ Je lis mon dialogue et j'essaie de "l'entendre" dans ma tête avant de faire mes devoirs.
❑ Je regarde la leçon quelques minutes, puis je fais mes devoirs écrits.
❑ Je fais tout de suite mes devoirs écrits.

• Pour retenir ma leçon...

❑ je copie plusieurs fois ce qui est nouveau.
❑ j'apprends seulement "des yeux".
❑ je passe entre vingt et trente minutes à mes devoirs d'anglais.
❑ je passe très peu de temps à mes devoirs d'anglais.

➠ Mes conditions de travail

• Je fais mes devoirs... ❑ en écoutant la radio. ❑ en regardant la télé. ❑ dans le silence.

• Je me donne une note sur dix pour mon travail à la maison : ..../10
• Suis-je cohérent(e) ? Je me suis mis la note de ..../10 + .../10 = .../20
• Ma moyenne d'anglais du trimestre est de : ..../20

RÉSOLUTIONS : ....

CLASSWORK

1 LISTEN AND SPEAK

b. Listen and identify Jame Lennox. Then describe her.

- JANE LENNOX. Photo n° ....
- DESCRIPTION: ....

....

....

VOCABULARY

Write the words. Ask your teacher to spell if necessary.

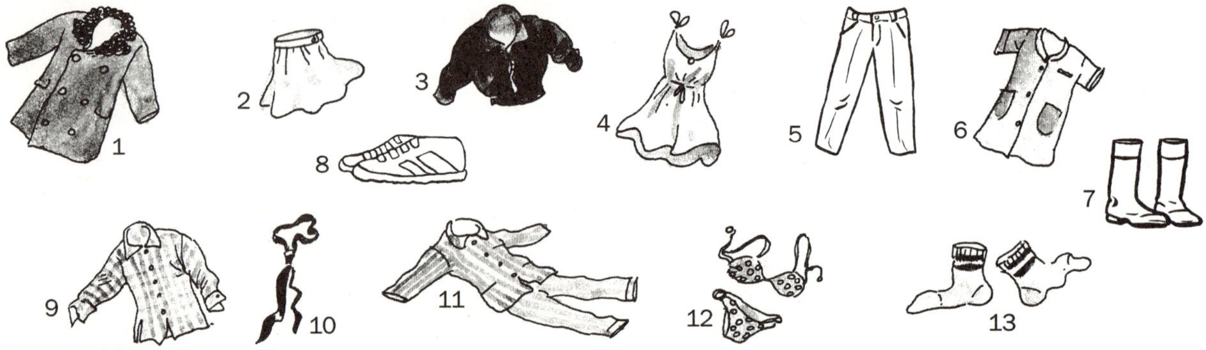

READ AND THINK

RÉFLÉCHISSEZ • RÉFLÉCHISSEZ

1. Encadrez les deux éléments qui sont comparés, soulignez les adjectifs et observez les marqueurs de la comparaison.

My mother is older than my father. Jane Lennox is more attractive than her sister.

- Le comparatif des adjectifs
  - d'une syllabe se forme avec adjectif + ... + ...
  - de plus d'une syllabe se forme avec .... + adjectif + ...

2. a. Voici d'autres adjectifs au comparatif. Retrouvez l'adjectif de base et concluez.

prettier .... curlier .... fatter .... hotter .... colder ....

b. Concluez: ....

....

c. Complétez ces phrases en utilisant l'adjectif entre parenthèses.

1. (long) Liz's hair is .... Jack's.
2. (slim) Liz is .... Gladys.
3. (expensive) Coats are .... jackets.
4. (comfortable) Sweaters are .... shirts and ties.
5. (messy) Boys are often .... girls.

SELF-STUDY

1 a. Assurez-vous que vous connaissez le vocabulaire nécessaire pour décrire quelqu'un. Travaillez la planche de lexique visuel, page 162 de votre manuel, et le *Remember*.

b. Complétez de mémoire.

your face

your body

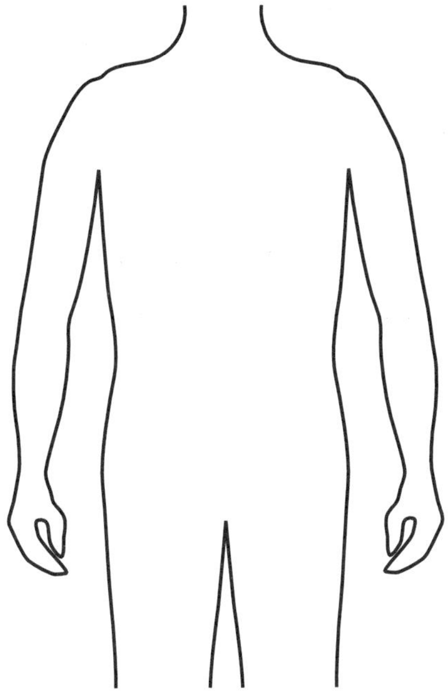

your clothes

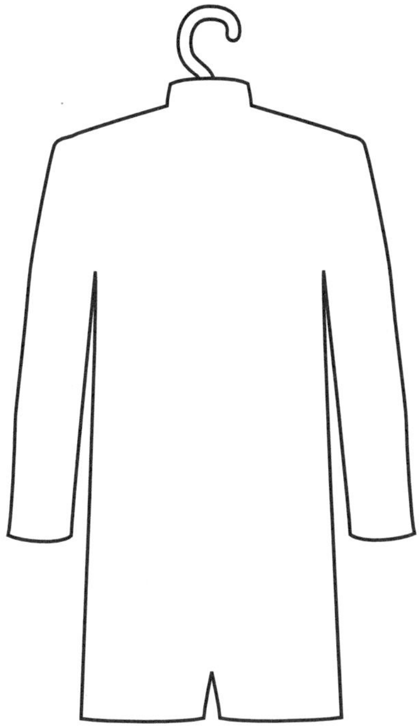

c. Barrez l'intrus et donnez un titre aux séries.

1. tall - short - pretty - good-looking - fat - slim - plump - intelligent ....

2. contact lenses - sneakers - boots - tennis shoes - mocassins ....

3. pyjamas - shorts - jeans - trousers - hats - socks - bermudas ....

2. Comparez deux personnages de votre famille. Utilisez: young - slim - pretty - athletic - good-looking

....

....

....

....

....

....

CLASSWORK

1 LISTEN AND SPEAK

b. Listen and comment. Then complete from memory, using the picture and the dialogue).

■ WEATHER TODAY: ....

IN THE LOUNGE

■ THE CAMPERS' ACTIVITIES:

Cathy is .... Phil ....

Liz and Jack .... Vanessa and Wilma ....

■ DEB'S PROBLEM: .... ■ WHAT SHE WANTS: ....

■ PAUL'S REACTION: ....

ON THE BEACH

■ PROBLEM: ....

■ CONSEQUENCE: ....

3 READ AND THINK

Présent en *"be + -ing"*

RÉFLÉCHISSEZ • RÉFLÉCHISSEZ • RÉ

1. a. Lignes 1 à 5, relevez les phrases qui décrivent ce que les personnages sont en train de faire.

....

....

....

....

b. Soulignez les groupes verbaux, entourez les bases verbales et concluez.

• Pour décrire ce qui se passe au moment où je parle, je dois employer .... + base verbale + ...

• C'est .... que je conjugue. Cette construction s'appelle **"présent en *be + -ing*"**.

2. Toujours lignes 1 à 5, relevez la phrase qui nous renseigne sur les goûts de Deb, puis entourez la construction verbale.

....

Il s'agit ☐ du présent en *"be + -ing"*. ☐ du présent simple. Expliquez-en l'emploi icis.

3. Mettez le verbe entre parenthèses à la forme qui convient (*"be + -ing"* ou présent simple).

1. Stop him! He .... into the water. (run) 2. I never .... when the sea is rough. (swim) 3. When it .... (rain), the campers often .... cards. (play) 4. What .... Helmut ....? (do) 5. He .... some English words. (learn)

RÉFLÉCHISSEZ •

Phonetics

Liaisons et groupes de sens

1. Écoutez, indiquez les liaisons consonne-voyelle, puis notez [ə] au-dessus des voyelles correspondantes.

Swimming isn't allowed!   Come here at once!   Look at the red flag!

2. a. Voici une phrase avec les groupes de sens encadrés. Écoutez-la, indiquez les liaisons consonne-voyelle, puis concluez.

[Walter and Paul] [are interested in swimming].

• Les liaisons ☐ ne se font pas entre les groupes de sens. ☐ permettent de lier les groupes de sens.

b. Écoutez et entourez les numéros des phrases qui sont bien lues. 1 2 3 4 5 6

3. Déchiffrez les mots. [bɔːd] .... [ə'laʊd] .... [fə'bɪdn] ....

5 LISTEN AND SPEAK

a. What are they doing? Where are they? Write the sentences you said to your teacher.

....

....

....

....

SELF-STUDY

1 Relisez le dialogue. Assurez-vous que vous comprenez tout.

2 Relevez tous les mots qui ont un rapport avec la mer et apprenez-les.

....

3 Voici ce qu'ils sont en train de faire. Dites quel temps il fait probablement. Utilisez des formes variées pour exprimer vos doutes ou vos certitudes. I think ... / perhaps ... / ..., isn't it? Etc.

1. Wilma is sunbathing on the beach. ....
2. The boys are wearing their anoraks. ....
3. The sea is rough and the red flag is up. ....
4. Surfing is allowed today. ....
5. The campers are flying a kite. ....

• Quand je dis "Paul fume", savez-vous si je parle ☐ d'une caractéristique de Paul ?
☐ de ce qu'il est en train de faire ?

• Et si je dis *"Paul smokes"*? ....

• Et si je dis *"Paul is smoking"*? ....

CLASSWORK

1 LISTEN AND SPEAK

b. Listen, comment and then complete from memory.

■ SETTING: *The scene takes place* .... *The campers are* ....

■ INSTRUCTORS PRESENT: .... ■ CAMPERS PRESENT: ....

■ WHAT DEB CAN'T DO: .... ■ CAUSE: ....

■ CAN SHE SKI? ☐ yes ☐ no ■ HOW WELL? ....

■ HER PROBLEM: ....

3 READ AND THINK

"Can"

RÉFLÉCHISSEZ • RÉFLÉCHISSEZ • RÉFLÉCHIS

1. Dans le résumé de votre manuel, l. 8 à 15, relevez les phrases exprimant une capacité ou une incapacité.

....

....

....

Quel mot exprime la capacité? .... l'incapacité? .... (contraction de *"cannot"*)

2. *"Be"* et *"can"* fonctionnent-ils de la même manière? Complétez le tableau puis concluez.

	AFFIRMATION	NÉGATION	INTERROGATION
be	Helmut .... German.	He .... French.	.... he a good swimmer?
can	Helmut *can* speak German.	He .... speak French.	.... he ski?

• Pour former une question ou un négation,
"Can" et *"be"* fonctionnent ☐ de la même manière ☐ différemment.
"Can" est donc ☐ un verbe lexical ☐ un auxiliaire.

• Outre le fait d'être auxiliaire, *"can"* permet d'exprimer une capacité, et il fait partie des auxiliaires de modalité. A la troisième personne du singulier, ...
Il est suivi d'un verbe sous la forme ....

3. Toujours dans le résumé, lignes 1 à 7, relevez un verbe lexical qui exprime la capacité, et qui a un sens équivalent à *"can"*: ....

4. Transformez ces phrases comme dans l'exemple.
Ex: He isn't a good swimmer. → *He can't swim very well.*

1. She is a good painter. ....

2. I am a very bad cook. ....

3. He is quite a good singer. ....

4 LISTEN AND SPEAK

"A Jack of all Trades." Listen and take notes.

- SETTING AND CHARACTERS: ....

PROBLEMS	WHAT JACK CAN DO TO SOLVE THEM.

- JACK'S OTHER TALENTS: ....
- Explain "A Jack of all Trades": ....

SELF-STUDY

1 Relisez le résumé. Assurez-vous que vous comprenez tout.

2 Relevez toutes les bases verbales des verbes lexicaux du résumé et apprenez-les.

....

....

3 Complétez par l'un des verbes relevés.

1. .... me how to windsurf, please. 2. Yes, O.K. .... the sail firmly. 3. But how must I .... on the board? 4. First, ... to relax. See, you can .... 5. But I can't ...., so I am scared!

4 Ajoutez *"to"* si nécessaire, et soulignez le mot qui précède.

1. Jack is showing them how .... stand on the board. 2. Deb doesn't want .... start. 3. She refuses .... get on the board. 4. She can't ....swim. 5. She must .... learn how .... swim.

THE WORDS OF THE DAY

- Le suffixe *"-ly"* transforme un adjectif en adverbe de manière.
Ex: *immediately = immediate + ly*
- Retrouvez les adjectifs de base:

finally .... usually .... easily ....

quietly .... noisily .... fiercely ....

3 – LESSON 3

CLASSWORK

1 LISTEN AND SPEAK

c. Listen and comment. Then complete from memory.

- DAVE'S SYMPTOMS: .... ▪ DOCTOR'S DIAGNOSIS: ....
- DOCTOR'S ORDERS: *Dave mustn't* ....

....

....

Dave must ....

....

Dave can ....

- OTHER INFORMATION: ....

3 READ AND THINK

Must, mustn't, needn't

1. a. Relisez le dialogue, lignes 1 à 10, et relevez une phrase qui exprime:

- une interdiction (il ne faut pas): ....

- une obligation (ici sous forme de question): ....

- une absence d'obligation (ce n'est pas nécessaire): ....

- une permission accordée (tu as le droit): ....

b. Soulignez les mots qui portent ces notions. Ce sont des auxiliaires de modalité ou modaux.

• <u>auxiliaires</u> parce que ....

• <u>de modalité</u> parce qu'ils permettent à celui qui parle de prendre position: "il faut que, il ne faut pas que, il n'est pas nécessaire que," etc.

- Ils sont toujours suivis d'un verbe sous sa forme ....

- Ils n'ont qu'une seule forme à toutes les personnes, donc ils ne prennent pas ....

c. Qu'expriment ces auxiliaires de modalité?

• *"Must"* exprime .... • *"Mustn't"* exprime ....

• *"Needn't"* exprime .... • *"Can"* exprime ....

• *"Can"* peut aussi exprimer une capacité physique ou morale. Donnez un exemple.

....

3. Le médecin dit: *"I want you to sleep and drink a lot."* Reformulez cette phrase à l'aide d'un modal.

....

RÉFLÉCHISSEZ • RÉFLÉCHISSEZ • RÉ

RÉFLÉCHISSEZ • RÉ

Phonetics

***Ca**n et can't*

1. *"Can"* ou *"can't"*? Cochez la case correspondante au numéro de la phrase.

N° de phrase	1	2	3	4	5	6
can						
can't						

2. a. Écoutez et notez la prononciation de *"can"* et de *"can't"*: [æ], [ə] ou [ɑː].

Can Dave eat everything? No, he can't. He can eat ham, but he can't eat chocolate.

• Quel mot est toujours accentué? ☐ *can* ☐ *can't* Pourquoi? ....

b. Écoutez et notez le numéro des phrases que vous entendez.

1. I can dance. 2. I can't dance. 3. He can dance. 4.He can't dance. Numéros : ....

3. Déchiffrez les mots. [ˈtemprətʃə] .... [kənˈteɪdʒəs] ....

4 LISTEN AND SPEAK

a. "Go on a diet." Listen and take notes.

■ SETTING AND CHARACTERS: ....

■ MISS NITWIT'S PROBLEMS: ....

■ DOCTOR'S ORDERS: ....
(Circle what is allowed, cross out what is forbidden.)

■ MISS NITWIT'S REACTION: ....

SELF-STUDY

1 Relisez le dialogue. Assurez-vous que vous comprenez tout.

2 Relevez et classez, lignes 12 à 19 du dialogue, tous les mots qui indiquent une quantité, ainsi que les noms ou verbes auxquels ils réfèrent.

PAS TROP	BEAUCOUP	UNE PETITE QUANTITÉ	PAS DU TOUT
not too much television			

3 Complétez par *"too much"*, *"a little"* ou *"no"*.

1. Relax .... 2. You work .... 3. Don't watch .... television.

4. Don't give him .... to eat. 5. Only .... bread and cheese, but .... meat.

CLASSWORK

1 SPEAK

Write the best sentences the class said.

2 LISTEN

b. Which sign are they describing? Write the letter and note down the clues.

a
No entry

b
No overtaking

c
Speed limit 40 miles an hour

d
No right turn

e
No left turn

f
Old people crossing

SIGN CLUES

1 ....

2 ....

3 ....

4 ....

5 ....

6 ....

c. Now write a riddle about one of the other signs and read it out to the class.

3 READ

Match the sign and the situation. Note down the clues.

CLUES	SIGN
1.	
....	....
2.	
....	....
3.	
....	....
4.	
....	....
5.	
....	....
6.	
....	....

4 DICTATION

....

....

....

....

....

....

....

....

CIVILIZATION

3 – The British Isles

1 LOOK AND READ

a. Right (R) or wrong (W)?

1. .... 2. .... 3. ....4. .... 5. .... 6. ....7. ....8. .... 9. ....10. ....

b. Colour the countries and write the names of the capitals, the seas and the rivers. Then check on the map on page IX of your textbook to help you.

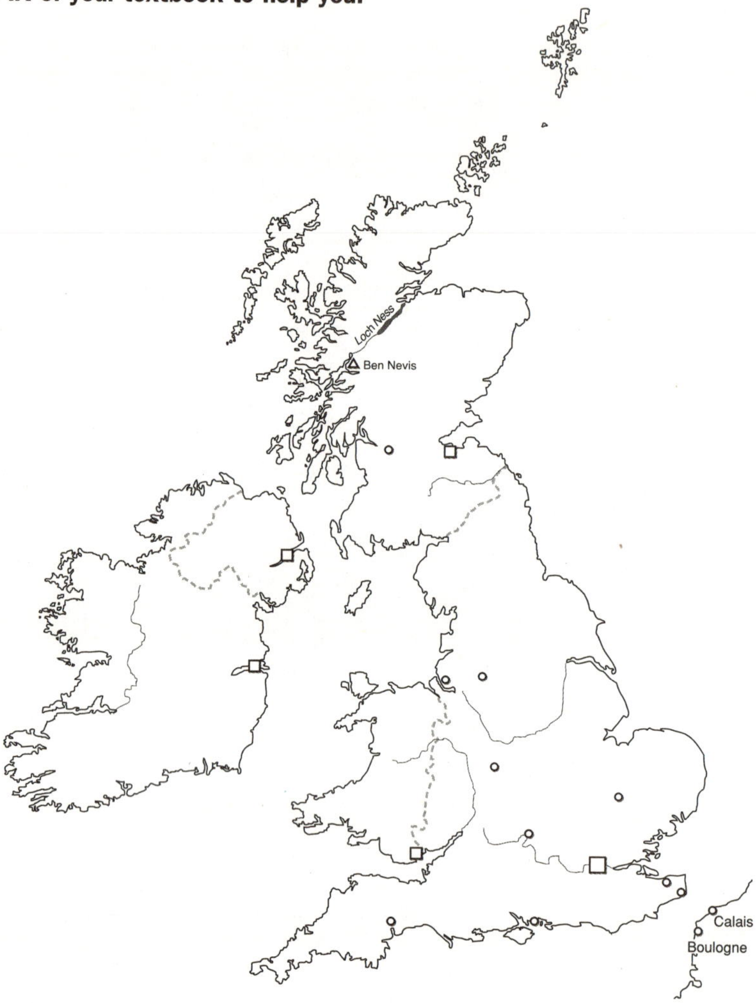

c. Note down the name of the country corresponding to each emblem.

1 ....

2 ....

3 ....

4 ....

d. Answer the questions.

1.

2.

3.

4.

2 READ AND LISTEN

Listen, write the name of each flag and note down a few facts.

1

2

3

4

5
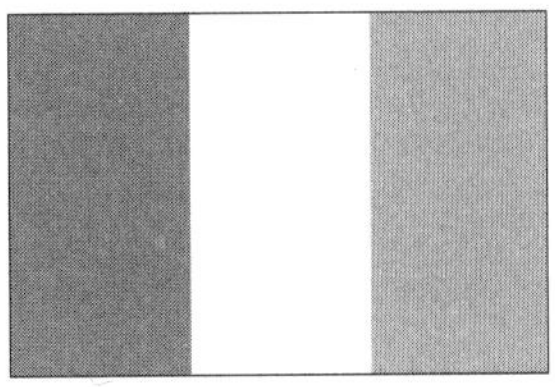

6

VOCABULAIRE

1 Complétez les questions.

WHAT IS (S)HE LIKE?

- How .... is (s)he? 
- Is (s)he slim or ....? 
- What is his / her hair ....? 
- What ....his / her eyes like? 
- Has (s)he got ....? 
- He (s)he got ....? 
- Does (s)he wear ....? 
- Is (s)he ....?

séduisant(e)

2 Coloriez les personnages et décrivez ce qu'ils portent.

Alan

Sue

Alan ....

....

....

....

Sue ....

....

....

....

GRAMMAIRE

❖ LE PRÉSENT EN *"BE + -ING"*

3 Dites ce qu'ils font, puis donnez-leur un ordre.

1. Dave is brushing his teeth. "Brush your hair, Dave!"

2. ....

3. ....

4. ....

5. ....

6. ....

❖ PRÉSENT SIMPLE OU EN *"BE + -ING"*?

4 Complétez par le verbe à la forme qui convient.

1. .... you often .... boots? (wear) 2. What .... you .... ? (read) Is it good? 3. Liz .... not .... the campers to go to bed late. (want) 4. Where is she? .... she .... cards with Jack? (play) 5. Look, it .... again. (rain)

❖ LA COMPARAISON

5 Dessinez selon les instructions.

Draw an apple smaller than this one.

Draw a bigger house.

Write their names. Bob is fatter than Jim.

P.T.O. →

6 **Comparez les éléments suivants.**

1. Your English teacher and your maths teacher.

....

2. Your city, town or village and Bude.

....

3. Your favourite football team and another team.

....

❖ **AUXILIAIRES DE MODALITÉ**

7 **Complétez par *"can"*, *"must"*, *"mustn't"* ou *"needn't"*.**

1. .... you speak Japanese? No, I ....

2. My parents are strict. I .... go out at night, but I .... organize parties at home.

3. When I have a lot of homework, I .... help my mother, but during the holidays she says I .... help her.

8 **Que dit le gardien de ce parc? Quels ordres donne-t-il?**

....

....

....

....

....

....

Voir corrections en p. 112.

GAMES

Magic grids

Change only letter to get from one word to the other. Check in the dictionary to see if the words exist.

B	O	A	T
P	E	A	R

T	E	S	T
L	O	S	E

F	I	R	E
P	A	L	E

Make your own grids.

Hidden words

fisherman
- *fish, fire, etc.*
- *man, mine, etc.*
- *is, in, etc.*
- *she, sea, etc.*
- *he, her, hair, etc.*
- *an, arm, etc.*

comfortable

unfortunately

candidate

CLASSWORK

1 LISTEN AND SPEAK

d. Listen to the snippets of conversation, note down what you hear and then anticipate.

....

....

....

e. Listen and comment. Then complete.

■ MR TAYLOR'S BREAKFAST: ....

....

VOCABULARY

Write the words. Ask your teacher to spell.

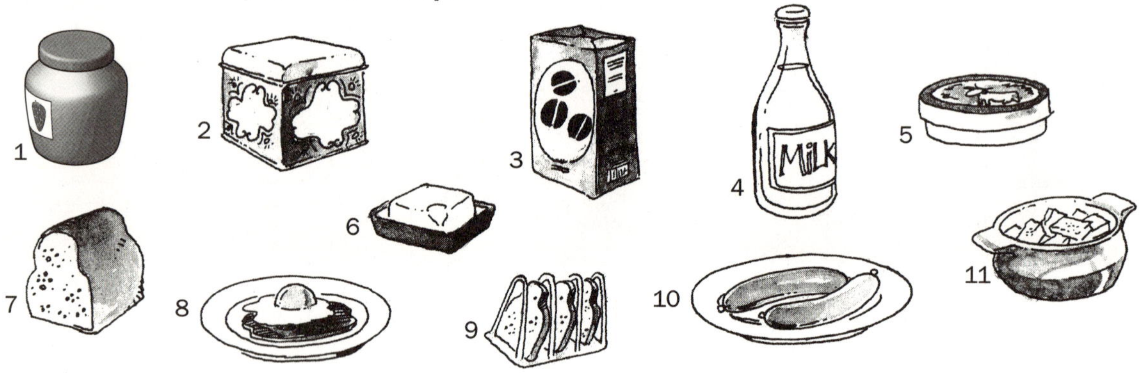

READ AND THINK

RÉFLÉCHISSEZ • RÉFLÉCHIS

"Some", Ø et "any"

1. a. Parle-t-on d'une généralité, ou décrit-on une situation précise?

	GÉNÉRALITÉ	SITUATION PRÉCISE
1. Mr Taylor wants some bacon this morning.	☐	☐
2. I love bacon!	☐	☐
3. Mr Taylor is asking for some eggs with his bacon.	☐	☐
4. I don't like eggs. Do you?	☐	☐

b. Entourez les noms d'aliments et leurs déterminants, puis concluez.

• Pour évoquer une quantité existante dans une situation précise, on emploie le quantifieur: ....

• Pour évoquer une catégorie générale, on n'emploie ni quantifieur, ni article. On représente cette absence par zéro (article Ø). Traduisez oralement les phrases 2 et 4. Que remarquez-vous?

2. a. Y a-t-il des œufs ou non? Entourez les quantifieurs. Notez les numéros des phrases et le quantifieur qui correspond.

1. I've got some eggs. 2. Do you want some eggs? 3. Are there any eggs? 4. There aren't any eggs.

- Il y en a: .... - Il n'y en a pas:.................................... - Je ne sais pas: ....

• Concluez. On emploie ....

SELF-STUDY

1 **Assurez-vous que vous possédez le vocabulaire nécessaire pour décrire ce qu'il y a sur une table de petit déjeuner. Travaillez le menu de la page 51 et la planche de la page 159.**

2 **Barrez l'intrus et trouvez un titre à la série.**

1. orange juice - milk - cocoa - coffee - tea - water - pineapple juice - bread ....

2. cereal - eggs - sausages - bacon - fried tomatoes - baked beans - carrots - toast ....

3. breakfast - lunch - restaurant - tea - dinner - supper - brunch ....

3 **Retrouvez les dix noms d'aliments dans cette grille et notez-les.**

P	O	T	A	T	O	E	S	C	B
C	A	R	R	O	T	S	N	E	R
O	W	A	E	R	E	D	G	R	E
F	D	Z	B	E	A	N	S	E	A
F	H	J	R	A	M	P	D	A	D
E	G	G	S	B	C	U	M	L	Q
E	N	E	A	P	F	O	V	A	D
T	O	A	S	T	M	N	N	X	S

1. .... 2. ....

3. .... 4. ....

5. .... 6. ....

7. .... 8. ....

9. .... 10. ....

4 **Complétez par *"some"*, *"any"* ou *"Ø"*.**

1. I haven't got .... coffee for Phil. 2. He doesn't like .... coffee. 3. Does he like .... milk? 4. Yes, he does. Phil, do you want .... milk? 5. Yes, please. And is there .... orange juice? 6. No, but there are .... oranges.

5 **Répondez.**

1. Do you like breakfast? What is your favourite meal? ....

....

2. Where do you have breakfast? Who with? ....

....

3. Do you have breakfast before or after getting dressed? ....

....

4. Are you in a good or a bad mood at breakfast? Are you good or bad company? Why? ....

....

5. Do you watch breakfast television or do you listen to the radio at breakfast? ....

....

CLASSWORK

1 LISTEN AND SPEAK

b. Listen and comment. Then complete from memory.

■ SETTING AND TIME: ....

■ CONVERSATION TOPIC *(sujet)*: ....

■ LIZ'S MORNING: 6:30 ....

7:30 ....

8-10 ....

10-1 ....

■ LIZ'S AFTERNOON: 2-5 ....

5-8 ....

■ BEDTIME: ....

■ OTHER INFORMATION: ....

....

3 READ AND THINK

Présent simple et adverbes de fréquence, *"be + -ing"*

RÉFLÉCHISSEZ • RÉFLÉCHISSEZ

1. Relevez les constructions verbales, lignes 15 à 19 du dialogue.

I love, ...

....

- Liz parle ☐ de ce qu'elle est en train de faire. ☐ de ses habitudes.
- Elle emploie ☐ le présent en *"be + -ing"*. ☐ l'impératif. ☐ le présent simple.

2. a. Observez les phrases suivantes et entourez les adverbes.

1. Liz often gets up at 6.30. 2. She always has a big breakfast. 3. She never eats sandwiches.

- Les adverbes sont: ☐ définis. (On peut identifier le moment précis.)
  ☐ indéfinis. (On ne peut pas identifier le moment précis.)
- Où se place ce type d'adverbe? ....

b. Dans le dialogue, repérez les adverbes et locutions comme *"every day"*, *"today"*, *"next September"*.

- Ils sont ☐ définis. ☐ indéfinis. Où se placent-ils dans la phrase? ....

3. Observez la phrase suivante et entourez la construction verbale.

At the moment, Liz is talking about her sports routine.

- Cette construction se forme avec .... + ... + ... On l'appelle "présent en ....
- Elle permet ☐ d'évoquer des caractéristiques, des habitudes.
  ☐ de décrire ce qui est en train de se passer, donc une situation précise.

RÉFLÉCHISSEZ • RÉFLÉCHISSEZ

Phonetics

Discrimination auditive et effacement des consonnes

1. a. Écoutez et copiez les mots selon la prononciation du "th": [θ] comme dans *"thanks"* ou [ð] comme dans *"that"*.

thirsty - healthy - this - bathroom - they - then - think - thin - mother - the

[θ] ....

[ð] ....

b. Écoutez, vérifiez et répétez.

2. a. Écoutez et barrez les consonnes finales qui s'effacent.

Liz must stay healthy. Her life is hard and difficult. She isn't allowed to drink coffee.

b. Écoutez encore, indiquez les liaisons consonne-voyelle, puis répétez.

3. Déchiffrez les mots.

[ˈθɜːstɪ] .... [kʊkt] .... [ˈhelθɪ] ....

4 LISTEN AND SPEAK

a. Do English husbands help their wives? Listen and take notes.

N°	HELPS? HOW OFTEN?	DETAILS
1		
2		
3		
4		
5		

SELF-STUDY

1 **Relisez le dialogue. Assurez-vous que vous comprenez tout.**

2 **Relevez dans le dialogue tous les mots ou groupes de mots qui indiquent le temps.**

DURÉE	FRÉQUENCE	HEURE / MOMENT	SALUTATION

3 **Faites cinq phrases vous concernant en utilisant cinq des marqueurs relevés.**

CLASSWORK

1 LISTEN AND SPEAK

b. Listen, comment and then complete.

■ SETTING: The scene takes place .... The campers are ....

■ MR TAYLOR'S CHORES: ....

....

....

■ ANIMALS ON THE FARM:

■ MRS TAYLOR'S CHORES: ....

....

■ ABOUT MILKING THE COWS: ....

....

3 READ AND THINK

L'obligation avec *"have to"*

RÉFLÉCHISSEZ • RÉFLÉCHISSEZ

1. a. Relisez le résumé et relevez les phrases qui évoquent les obligations deM. et de Mme Taylor.

....

....

....

b. Soulignez toutes les constructions verbales, puis entourez chaque base verbale.

• Pour évoquer ou constater une obligation, on emploie la construction .... + ... + ...

• On peut aussi exprimer une obligation en utilisant l'auxiliaire modal ....

2. Transformez la phrase affirmative *"A pilot has to speak German"* en:

- phrase interrogative: ....

- phrase négative: ....

• Que signifie la phrase négative? ☐ une obligation. ☐ une interdiction. ☐ une absence d'obligation.

• *"Have to"* dans cette construction fonctionne comme ☐ un auxiliaire. ☐ un verbe lexical. Entourez le mot qui le prouve.

3. L'obligation et l'absence d'obligation peuvent s'exprimer de plusieurs manières. Entourez les groupes verbaux et dites ce qu'exprime chaque phrase.

1. Mr Taylor needn't milk the cows. .... 2. He doesn't have to feed the chickens. ....

3. They must both work very hard. .... 4. They have to get up early. ....

4 LISTEN AND SPEAK

a. "Guess his job." Listen and take notes.

■ NAME OF PROGRAMME: .... ■ TYPE OF PROGRAMME: ....

■ ABOUT MR SMITH: gets up at: .... starts work at: .... finishes at: ....

AFTERNOON ACTIVITIES: ....

UNIFORM? .... PLACE OF WORK: ....

JOB: ....

5 SPEAK

Invent a riddle about a job. Then say it to the class who must guess.

....

....

....

....

SELF-STUDY

1 **Relisez le résumé. Assurez-vous que vous comprenez tout.**

2 **Relevez dans le résumé tous les verbes qui rapportent des paroles ou des pensées, avec leurs sujets et leurs compléments. Notez à qui réfèrent les pronoms personnels.**

They ask him → The campers ask Mr Taylor ....

....

....

....

3 **Complétez par *"say(s)"*, *"tell(s)"*, *"answer(s)"* ou *"ask(s)"*.**

1. Mr Taylor .... that his wife is busy too. 2. The campers .... him how many animals he has got. 3. "A lot," .... Mr Taylor. 4. He also .... them he has a special method for milking the cows. 5. ".............................. us what you do," .... Walter.

4 **Que se passe-t-il chez vous? Complétez par *"have / has to"*, ou *"don't / doesn't have to"*.**

1. At home, I .... help with the cooking. 2. My father .... do the shopping. 3. My mother .... clean the house. 4. I .... tidy my room.

CLASSWORK

1 LISTEN AND SPEAK

b. Listen and comment. Then complete from memory.

Wilma's shopping list

Paul's shopping list

3 READ AND THINK

L'expression de la quantité

RÉFLÉCHISSEZ • RÉFLÉCHISSEZ •

1. a. Relevez dans le dialogue tous les noms d'aliments, et classez-les.

- noms dénombrables (on peut compter): ....

- noms indénombrables (on ne peut pas compter): ....

b. Entourez les marques du pluriel. Que constatez-vous? Expliquez.

....

2. a. Du statut d'un nom dans une phrase (dénombrable ou indénombrable) dépend l'emploi de certains quantifieurs. C'est le cas de *"(a) little" / "(a) few"* et de *"much / many"*. Relisez le dialogue, repérez l'emploi de ces quantifieurs, puis concluez.

- On emploie *"much / (a) little"* avec des noms ☐ dénombrables. ☐ indénombrables.
  "many / (a) few" avec des noms ☐ dénombrables. ☐ indénombrables.

b. Observez le fonctionnement de *"some"* et *"any"* dans le dialogue, et concluez.

- "*"Some"* et *"any"* ☐ sont ☐ ne sont pas sensibles au contraste dénombrable / indénombrable.

- On peut donc les employer avec ....

3. On peut transformer un indénombrable en dénombrable avec une construction en *"of"* qui crée des unités (1, 2, etc.) et singularise. Relevez lignes 14 à 21 du dialogue, les constructions en *"of"* qui singularisent.

....

....

....

RÉFLÉCHISSEZ • RÉFLÉCHISS

Phonetics

Discrimination auditive et consonnes muettes

1. a. Écoutez, soulignez les syllabes accentuées et barrez les consonnes muettes.

sandwiches - supermarket - ironing - wrinkles - Wednesday

b. Prenez les mots en dictée, puis barrez les consonnes muettes.

1. .... 2. .... 3. .... 4. .... 5. ....

2. a. Écoutez et recopiez les mots en fonction de leur prononciation: [ʃ] comme dans *"shoes"*, ou [tʃ] comme dans *"choose"*.

sandwich - English - cheese - cheap - sheep - butcher - much - shop - short - shirt

[ʃ] ....

[tʃ] ....

b. Écoutez, vérifiez et répétez.

3. Déchiffrez les mots. [ɪ'nʌf] .... [tʃi:p] .... [ʃi:p] ....

4 LISTEN AND SPEAK

a. "At the shop". Listen and take notes.

- SETTING AND CHARACTERS: ....
- WHAT THE CAMPERS WANT TO BUY: ....

....

....

- TOTAL: ....
- PROBLEM: ....
- CONSEQUENCE: ....

SELF-STUDY

1 **Relisez le dialogue. Assurez-vous que vous comprenez tout.**

2 **Vrai ou faux? Justifiez <u>dans tous les cas</u> en citant le dialogue.**

STATEMENT	R	W	JUSTIFICATION
There is no bread in the kitchen.	☐	☐	
There is enough ham.	☐	☐	
Paul wants a cheese sandwich.	☐	☐	
There are a lot of eggs.	☐	☐	
Mrs Taylor's grocer is quite near.	☐	☐	

CLASSWORK

1 SPEAK

With your teacher, decide where to start from. Then choose a destination and tell your partner how to get there.

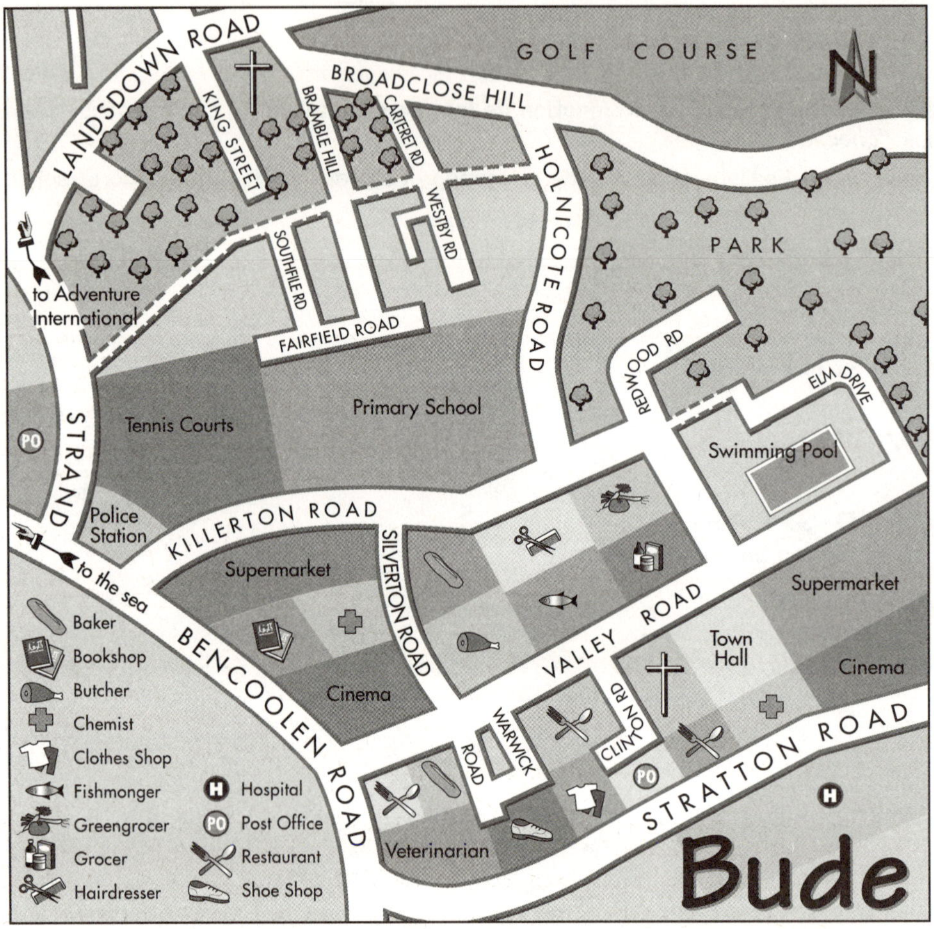

go straight (down ... Street) →

turn right (into ... Street) ┌→

turn left into ... Street) ←┐

go past (the butcher's / the grocer's, etc.) →

2 LISTEN

"At the restaurant." Listen and take notes.

- SETTING AND CHARACTERS: ....

- WALTER'S PROBLEMS: ....

....

....

MR KINGSLEY'S ORDER

- FOR HIMSELF AND HIS WIFE: ....

- FOR WALTER: ....

- WALTER'S REACTION: ....

3 READ

Guess their jobs. Note down the clues.

CLUES	JOB
1.	....
....	
2.	....
....	
3.	....
....	
4.	....
....	

4 DICTATION

....

....

....

....

....

....

....

....

....

CIVILIZATION

4 – Traditional festivals

1 READ AND SPEAK

a. Match the names of the festivals and what they commemorate.

- Christmas Day: ....

- Shrove / Pancake Tuesday: ....

- Lent: ....

- Good Friday: ....

- Easter Sunday: ....

b. What other festivals do you know of? What do they represent?

- Jewish festivals: ....

....

....

- Muslim festivals: ....

....

....

- Other festivals: ....

....

....

c. Match the text and the festivals and note down the information.

TEXT	NAME OF DAY	FOOD	TRADITIONAL ACTIVITIES
1.			
2.			
3.			
4.			

2 LISTEN

A recipe for pancakes.

a. Listen and complete the recipe.

- Pancakes are made with .... 1, sugar, ... 2 and flour. Here is the recipe.

2 eggs	2 1/2 .... 4 of milk
150 gr. 3	1/2 coffeespoon of salt
40 gr. margarine	A .... 5 sugar

- Mix the eggs, the .... 6, the .... 7 and the margarine. Then put in the flour.

- Next dilute with the milk. Stop when the mixture is liquid enough.

- Make your pancakes in a frying pan with a little butter. Heat the .... 8, put in some of the mixture, turn the pancake quickly, and then make the next one!

- The pancakes are particularly good to eat with .... 9, honey or a little .... 10.

b. What must you do to make pancakes? Write the verbs under the drawings.

1. .... 2. .... 3. ....

4. .... 5. .... 6. ....

One more step

Lisez cette recette. De quoi s'agit-il? Soulignez tous les mots qui vous ont guidés.

Mix the eggs vigourously. Add salt and pepper to taste. Put in a little water or milk. Heat some butter or margarine in a frying pan. When the butter or margarine is hot, put the mixture slowly into the pan.

Add grated cheese, ham or herbs according to your taste. When the mixture is almost completely cooked, turn half of it over onto the other half and serve hot.

The recipe is for: ....

VOCABULAIRE

1 **Complétez par le maximum de mots.**

FOOD

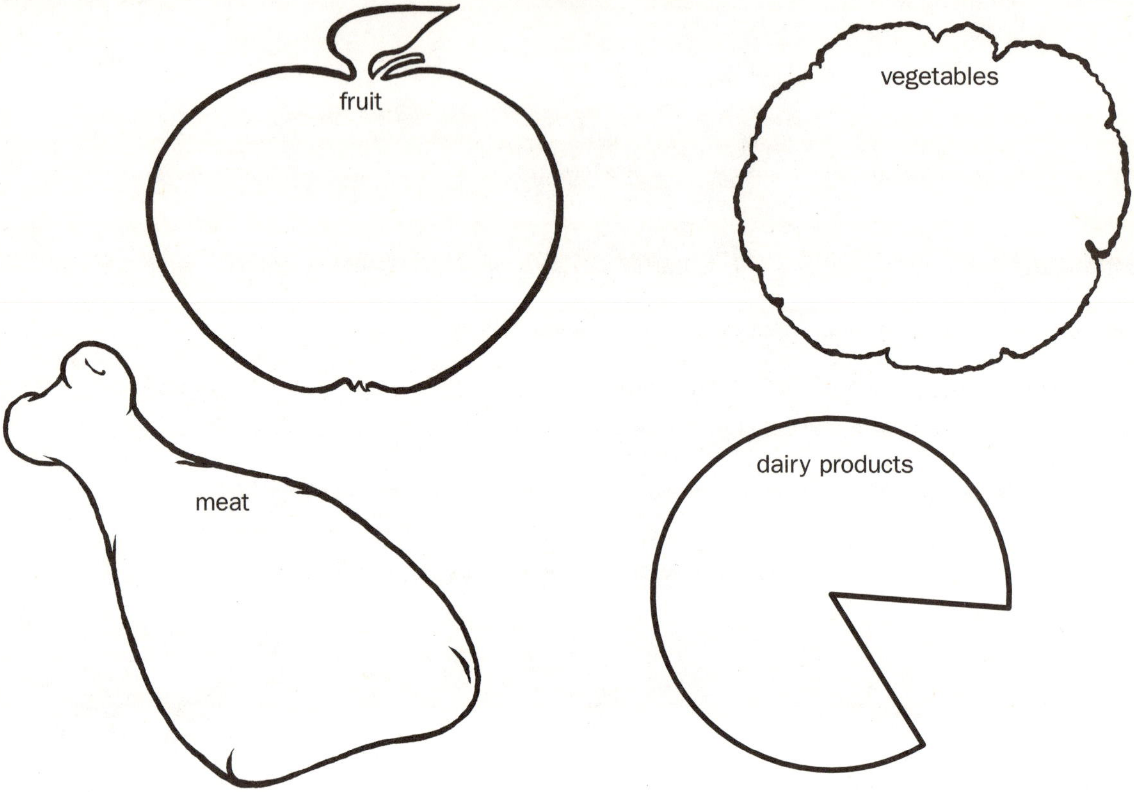

SHOPS

....

....

DIRECTIONS

2 **Qu'indiquent ces panneaux? Écrivez ce qu'il faut faire ou ne pas faire.**

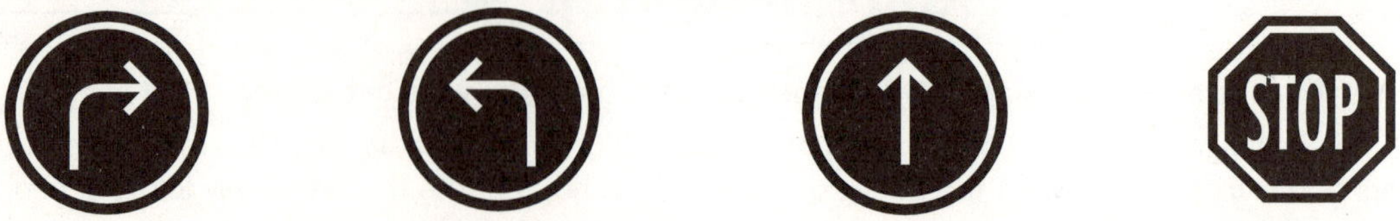

....

....

❖ LES QUANTIFIEURS

3 **Faites cinq phrases pour dire ce qu'il y a dans cette cuisine et ce qui manque (carottes, poisson, viande, boissons, etc.).**

....

....

....

....

....

4 **Regardez encore le dessin et complétez par *"a little"*, *"a few"*, *"a lot of"*. Puis demandez combien il y en a: *"how many / much ...?"***

1. There is only .... bread. ....?

2. There are .... potatoes. ....?

3. .... eggs. ....?

5 **Vous aussi? Exprimez ce que vous avez en commun avec Phil Dupuis en utilisant des expressions comme *"So do I"*, *"so am I"*, etc. Si vous êtes différent(e), utilisez *"I am not"*, *"I do not"*, etc.**

1. "I am French." ....

2. "I've got a walkman." ....

3. "I have to make my bed." ....

4. "I like pop music." ....

5. "I can swim." ....

6. "I often help at home." ....

❖ LA PLACE DE L'ADVERBE DE FRÉQUENCE

6 **Dites la vérité vous concernant en recopiant ces phrases et en ajoutant l'adverbe de fréquence qui convient (*"sometimes"*, *"often"*, etc.)**

1. I get up early. ....

2. I have a shower in the morning. ....

3. I get dressed in the bathroom. ....

4. I have breakfast with my parents. ....

5. My father drives me to school. ....

❖ LES DEUX PRÉSENTS

7 **a. Complétez par le verbe entre parenthèses à la forme qui convient.**

1. Jack .... Liz every day. (coach) He must make sure she .... a healthy life. (lead)

2. She ....from nine to twelve. (train) Then she .... to the local school. (go)

3. Where is she now? She .... at the swimming-pool. (swim)

4. .... Jack .... her? (help) Yes, he never .... her. (leave)

5. He .... probably .... her (encourage) and .... her (tell) to go faster.

b. Traduisez.

1. Est-ce que vous lisez beaucoup? ....

2. Oui, je lis un livre par jour. ....

3. Qu'est-ce que tu es en train de faire? ....

4. Regarde! Je repasse ta chemise. ....

5. Je ne repasse jamais. Je ne sais pas repasser. ....

❖ *"HAVE TO / DON'T HAVE TO"*

8 **Dites si vous êtes obligé(e) ou non de faire les actions suggérées.**

1

2

3

4

1. ....

2. ....

3. ....

4. ....

Voir corrections en p. 112.

GAMES

Change a letter

How many words can you find? Use a dictionary.

Ex.: <u>S</u>AY → <u>W</u>AY → <u>P</u>AY → <u>M</u>AY → <u>L</u>AY

TAKE → ....

TEAR → ....

SLOW → ....

NIGHT → ....

	ENGLISH	FRENCH
Words I learnt:	....	....
	....	....
	....	....
	....	....

Word hunting

Find as many words as possible containing these letters in this order.

... OUGH ...

....

....

... GHT ...

....

....

... AIN ...

....

....

... OUN ...

....

....

Total number of words: ....

CLASSWORK

1 LISTEN AND SPEAK

a. Listen to the snippets of conversation and note down what you hear. Then anticipate.

....

....

b. Listen and take notes.

N° 1: ▪ DATES: .... ▪ He was ☐ a writer. ☐ an artist. ☐ a musician.

▪ NAME: ....

N° 2: ▪ DATES: .... ▪ NATIONALITY: ....

▪ He was ☐ a writer. ☐ an artist. ☐ a musician. ▪ NAME: ....

N° 3: ....

....

▪ NAMES: ....

READ AND THINK

***"Was / were"* et le prétérit régulier**

RÉFLÉCHISSEZ • RÉFLÉCHISSEZ

1. a. Observez ces phrases et entourez les groupes verbaux.

Mozart was a composer, wasn't he? Stendhal and Flaubert were writers, weren't they?

- Parle-t-on de personnages vivants ou morts? .... Les verbes sont donc au ☐ présent. ☐ passé.
- Ce temps s'appelle le **prétérit**. Il indique toujours une **rupture avec le moment présent**.

b. Observez maintenant *"be"* au prétérit.

Formes de *"be"* au prétérit: singulier: .... pluriel: ....

2. Soulignez le groupe verbal dans chaque phrase.

1. Turner painted the sky. 2. Did Turner paint the sea? 3. Turner didn't paint portraits.

- Comment forme-t-on le prétérit d'un verbe lexical régulier à la forme affirmative? .... + ...
  Cette terminaison est la **marque du passé. Elle se prononce toujours**.
- Avec un verbe lexical, comment forme-t-on une question ou une négation au prétérit? À l'aide de l'opérateur-auxiliaire .... Le verbe lexical est alors sous sa forme ....
- Concluez: la marque du passé apparaît .... fois seulement dans chaque groupe verbal.

b. Complétez par *"was / wasn't"*, *were / weren't"* ou *"did / didn't"*.

1. I .... born in France. 2. Mozart .... born in England. 3. What .... he compose?
4. Van Gogh and Gauguin .... friends but they .... paint together for long.

SELF-STUDY

1 **Classez les noms propres de la page 66 de votre manuel.**

- writers: ....

- artists: ....

- composers: ....

- inventors: ....

- explorers: ....

- kings and queens: ....

2 **Complétez par un verbe au prétérit. Aidez-vous du *Wordbank*, page 66 du manuel. Soulignez le seul verbe qui n'est pas régulier.**

1. Louis XIV personally .... France from 1661 to 1715.

2. Mozart .... operas, symphonies and concertoes.

3. Jacques Cartier .... Canada.

4. Agatha Christie .... Miss Marple and Hercule Poirot.

5. Charles Dickens .... *"Oliver Twist"*.

3 **Soulignez tous les verbes au prétérit et devinez le nom de ces personnages.**

1. He was French, of Italian origin, but he lived all his life in France. He was a singer, an actor, and a dancer. His voice was very warm and he had a lot of charm. He went to Hollywood and made a film there, so the Americans know him well. His first wife was also famous. His first name was Yves.

....

2. She was a very sexy blonde, and she was both a singer and an actress. Today she is still quite famous. She made a very funny film called *"Some Like it Hot"*. She committed suicide in Hollywood in 1962.

....

3. She was born in England but she died in France. She was very popular and everybody loved her smile and her charm. She helped people in need. She had two handsome boys but unfortunately she was killed in a car crash. She was a beautiful princess.

....

4 **Écrivez vous-même une devinette à lire à la classe.**

....

....

....

CLASSWORK

1 LISTEN AND SPEAK

b. Listen and complete the drawings. Use colour when necessary. Then comment and write a caption for each drawing.

1 ....

....

2 ....

....

3 ....

....

4 ....

....

5 ....

....

6 ....

....

3 READ AND THINK

Prétérit régulier

RÉFLÉCHISSEZ • RÉFLÉCHISSEZ •

1. Le prétérit s'emploie pour créer une rupture avec le moment présent. C'est pourquoi il est souvent accompagné de marqueurs de temps qui indiquent un passé daté et précis.
Relevez, lignes 1 à 3 du dialogue, l'adverbe de temps qui situe le récit dans le passé. ....

2. a. Relevez et classez les verbes lexicaux (verbes autres que *"be"*) du dialogue qui sont au prétérit.

- affirmatif: ....

....

....

- négatif: .... - interrogatif: ....

b. Entourez les marques du passé et complétez.

- Pour les questions et négations, la marque du passé est portée par l'opérateur-auxiliaire du prétérit: ....
- Pour les verbes réguliers à l'affirmatif, cette marque est .... Elle se prononce toujours.
- Pour l'orthographe, on double la dernière consonne pour les verbes dont la base verbale se termine en voyelle courte + consonne. Soulignez ces verbes dans votre liste.

3. Mettez le verbe entre parenthèses à la forme qui convient.

1. .... you .... hard yesterday afternoon? (work)
2. Yes, I .... But I .... at 6 o'clock to have a game of tennis. (stop)
3. What .... you .... after your match? (do)
4. I .... at some photos (look) but I .... not .... (work)

RÉFLÉCHISSEZ • RÉ

Phonetics

Prononciation du prétérit / consonnes qui s'effacent

1. Écoutez et indiquez la prononciation de la marque du prétérit: [d], [t] ou [ɪd].

[ ]	[ ]	[ ]	[ ]	[ ]
painted	dropped	laughed	ruined	cleaned
[ ]	[ ]	[ ]	[ ]	[ ]
happened	cooked	invented	visited	played

• Si la dernière consonne de la base verbale est un [d] ou [t], je prononce [..........].

2. Écoutez et barrez les consonnes qui ne se prononcent pas, puis indiquez les liaisons et répétez.

I painted half the ceiling. The pot of paint rolled down the stairs and didn't stop.

3. Déchiffrez les mots.

[hɑːf] .... [drɒpt] .... [ˈruːɪnd] ....

4 LISTEN AND SPEAK

a. Where did they go? What did they do? Listen and take notes.

N°	DESTINATION	DETAILS
1		
2		
3		
4		

SELF-STUDY

1 **Relisez le dialogue. Assurez-vous que vous comprenez tout.**

2 **Relevez dans le dialogue toutes les questions qui se réfèrent au passé.**

....

....

....

3 **Posez des questions en *"Wh-"* sur les groupes soulignés.**

1. I painted the bathroom red. *Who* ....

What ....

....

2. Gladys opened the door. ....

....

CLASSWORK

1 LISTEN AND SPEAK

b. Listen and comment, then complete from memory.

■ LIZ'S YOUTH
- Date and place of birth: ....
- About her father: ....
- Mother's occupation: ....
- Brothers / sisters: ....

■ LIZ'S CAREER
- How she learnt to swim: ....
- Age: ....
- In the school team at .... (age). in the national team at .... (age)

■ OTHER INFORMATION ....

....

Sum up Liz's biography.

born
19 ... — learnt to swim ....
19 ... — ....
19 ... — ....
19... NOW — .... (age)

3 READ AND THINK

"Ago" / prétérit irrégulier

RÉFLÉCHISSEZ • RÉFLÉCHIS

1. a. Relevez, lignes 1 à 5 du résumé, les locutions adverbiales de temps qui permettent de:

- placer le récit dans le passé: ....
- trouver l'année de naissance de Liz: ....
- trouver l'année où le père de Liz est décédé: ....

b. Calculez les jours et les dates.

- En prenant le jour d'aujourd'hui comme point de repère, notez le jour où Paul a interviewé Liz. ....
- En prenant cette année comme point de repère, donnez l'année de naissance de Liz .... et l'année de la mort de son père ....

c. La construction "durée + ..." mesure le temps écoulé et indique une rupture avec le moment présent.

- À quel temps sont donc les verbes qui l'accompagnent? ....

2. a. Lisez le résumé, repérez tous les verbes irréguliers et donnez leurs bases.

....

b. Relevez l'auxiliaire de modalité au passé et dites ce qu'il signifie.

.... Signification: ☐ interdiction. ☐ permission. ☐ capacité.

4 LISTEN AND SPEAK

a. "Jack's youth." Listen and take notes.

■ JACK'S PLACE OF BIRTH: ....

■ YOUTH: - He had his first tooth at .... - He started walking at .... - He could read at ....

■ PROBLEMS AT SCHOOL: ....

....

■ ONLY GOOD SUBJECT: .... ■ DETAILS: ....

....

■ CONSEQUENCE: ....

....

■ ABOUT LIZ: ....

....

SELF-STUDY

1 Relisez le dialogue. Assurez-vous que vous comprenez tout.

2 Relevez tous les verbes qui rapportent des paroles ou des pensées.

....

....

3 Complétez par *"said"*, *"told"*, *"thought"*, *"asked"* ou *"answered"*. Chaque verbe doit servir une fois.

1. Liz .... Paul that she was born in Norwich. 2. He .... her how many brothers and sisters she had. 3. "Nine brothers", Liz .... 4. And she .... that her father dropped her into the swimming pool when she was two months old. 5. Paul .... it was very strange.

4 Vrai ou faux? Justifiez <u>dans tous les cas</u> en citant le résumé.

STATEMENT	R W	JUSTIFICATION
Paul wanted to know about Liz's youth.	☐ ☐	
Liz is 24 years old.	☐ ☐	
She was her parents' first and only child.	☐ ☐	
Her father wanted to prove babies could swim.	☐ ☐	
She joined the national team ten years ago.	☐ ☐	

CLASSWORK

1 LISTEN AND SPEAK

c. Listen and comment. Then complete from memory.

■ CHARACTERS AND SETTING: ....

ABOUT THE FUTURE

■ VANESSA'S PLANS: ....

....

■ PLANNED ACTIVITIES IN PARIS: ....

....

■ PAUL'S DESTINATION: .... ■ DEPARTURE DATE: ....

■ MEANS OF TRANSPORT: ....

■ PLANNED ACTIVITIES: ....

....

3 READ AND THINK

***"Be going to"* et *"be + -ing"* futur**

RÉFLÉCHISSEZ • RÉFLÉCHIS

1. a. Quelle est la situation au début du dialogue? Où sont les amis? De quoi parlent-ils?

....

Ils parlent donc ☐ du présent. ☐ du passé. ☐ du futur. C'est le temps de référence de leur conversation.

b. Lignes 11 à 19 du dialogue, trouvez deux marqueurs de temps qui font référence à un moment précis dans l'avenir. Ce sont des locutions adverbiales. Entourez le déterminant.

....

- Traduisez oralement la question de Paul: *"What are you going to do now, Vanessa?"* (lignes 2-3)
- Ici, *"now"* fait référence ☐ au présent. ☐ au passé. ☐ au futur.

  Par quel mot pourrait-on le remplacer? ....

2. Lignes 14 à 22, relevez et classez les phrases concernant les vacances de Paul.

"BE + GOING TO" + BASE VERBALE	*"BE + -ING"*

- *"Be + -ing"* peut se référer à l'avenir si le contexte l'indique. Il s'agit de plans établis.
- *"Be + going to"* + base verbale permet aussi de parler de l'avenir, mais plutôt pour évoquer des intentions ou pour tirer des conclusions futures d'une situation présente.

Ces constructions ont un sens très proche, et parfois interchangeable.

RÉFLÉCHISSEZ • RÉFLÉCHIS

Phonetics

Discrimination auditive / *"going to"*

1. a. Écoutez et copiez les mots en fonction de la prononciation de la voyelle: [iː] comme dans *"tree"* ou [ɪ] comme dans *"fish"*.

leave Liz live teach English week see visit trip quick

[iː] ....

[ɪ] ....

b. Écoutez, vérifiez et répétez.

2. a. *"Going to"* ou *"want to"*? Écoutez, répétez et écrivez les verbes sans contractions.

1. I .... see London. 2. I .... see London.

3. We .... speak English. 4. We .... speak English.

b. Répétez, puis écrivez les phrases.

....

3. Déchiffrez les mots. [liːv] .... [lɪv] .... ['dʒɜːmənɪ] ....

4 LISTEN AND SPEAK

a. Where are they going? What are they going to do? Listen and take notes.

	DESTINATION AND COMPANY	PLANS
NORMAN		
TONY		
CONCLUSION		

SELF-STUDY

1 Relisez le dialogue. Assurez-vous que vous comprenez tout.

2 Relevez toutes les questions des lignes 1 à 13 du dialogue et apprenez-les.

....

....

3 Parlez de vos intentions pour le prochain week-end (3 phrases).

....

....

....

CLASSWORK

1 SPEAK

Note down the best sentences you or your friends said.

....

....

....

....

....

....

....

2 LISTEN

b. Listen and guess who they are. Note down the clues.

1. ....

.... Name: ....

2. ....

.... Name: ....

3. ....

.... Name: ....

3 READ

- **Who were they? Note down the clues.**

1. ....

.... Name: ....

2. ....

.... Name: ....

3. ....

.... Name: ....

- **Read again and pick out all the verbs in the preterite.**

Regular verbs

[d] ....

....

[t] ....

[ɪd] ....

Irregular verbs

PAST	BASE FORM	PAST	BASE FORM
was / were	be	....	....
....	....	....	....
....	....	....	....

4 DICTATION

....

....

....

....

....

....

....

....

....

CIVILIZATION 5 – William the Conqueror

1 READ

a. Read and complete.

INTRODUCTION

■ DATE OF CONQUEST (the Battle of Hastings): .... ■ VICTOR: ....

■ THE BAYEUX TAPESTRY: size: .... x .... date: ☐ 10th C ☐ 11th C ☐ 12th C
(length) (height)

Aim of the tapestry: ....
(objectif)

Why is it in Bayeux? ....

TEXT AND PICTURE 1

■ KING OF ENGLAND IN 1065: ....

■ SUCCESSOR HE CHOSE: ....

What language is used in the tapestry? ....

How many times can you see Edward in this part of the tapestry? ....

■ UPSTAIRS: he is ☐ dead. ☐ alive. ■ DOWNSTAIRS: he is ☐ dead. ☐ alive.

TEXT AND PICTURE 2

■ USURPER'S NAME: .... ■ CORONATION DATE: ....

What does the scene on the right represent? ....

What does the Latin say? ....

TEXT AND PICTURE 3

■ CAUSE OF WAR: ....

■ LENGTH OF PREPARATIONS: ....

This part of the tapestry shows .... Date: ....

TEXT AND PICTURE 4

■ NAME OF THE BATTLE: .... Date: ....

In the battle there were ☐ archers ☐ footmen ☐ ships ☐ tanks ☐ horsemen.

TEXT AND PICTURE 5

■ WINNER: .... ■ LOSERS: ....

■ HAROLD'S FATE *(destin)*: ....

■ WILLIAM'S CORONATION: date: .... place: ....

b. Read and find the illustration. 1. .... 2. .... 3. .... 4. ....

2 LISTEN

Which part of the tapestry are they looking at? Note down the clues.

1. ....

.... N° ....

2. ....

.... N° ....

3. ....

.... N° ....

One more step

Je retiens:

- que les Normands étaient les descendants des Vikings.
- que Guillaume a conquis l'Angleterre en .... à la bataille de ....
- qu'il a vaincu le roi saxon ....
- qu'il s'est fait couronner à .... le jour de ....
- qu'il a fait faire cette tapisserie pour proclamer son bon droit,
- que les Anglais étaient des .... et que longtemps ils détestèrent les Normands.

Connaissez-vous une histoire où les barons saxons s'opposent à un mauvais régent normand?

Il s'agit de ☐ Ivanhoe. ☐ Rob Roy.
☐ Robin Hood. ☐ Oliver Twist.

VOCABULAIRE

1 Complétez les séries avec le maximum de verbes.

- A young child's life: to be born, ……………………………………………………

……………………………………………………………………………………

……………………………………………………………………………………

- Jobs and occupations: ……………………………………………………………

……………………………………………………………………………………

……………………………………………………………………………………

2 Complétez par le maximum de noms et de verbes se rapportant aux transports.

VERBES IRRÉGULIERS

3 Complétez le tableau.

BASE	PRÉTÉRIT	BASE	PRÉTÉRIT	BASE	PRÉTÉRIT
buy		go		swim	
	came		knew		took
drink		learn		teach	
	ate		said		told
get		see		think	
	gave		spoke		wrote

GRAMMAIRE

❖ LE PRÉTÉRIT

4 Parmi ces marqueurs de temps, surlignez ceux qui obligent à l'emploi du prétérit.

yesterday - every day - three years ago - soon - next week - last month - tomorrow
today - when she was young - in 1997 - on holiday - at three o'clock - in the future
in the past - nowadays - for the holidays - during the weekend - last weekend - in May

5 Complétez par un marqueur de temps différent pour chaque phrase. Choisissez dans l'encadré.

1. .... I went to the cinema. 2. .... I went to Greece.

3. I am going to England .... 4. I had a test ....

5. He was born .... 6. Liz started swimming in competitions ....

6 Complétez par la forme de *"be"* qui convient.

1. Where .... you born? 2. I .... born in Corsica. 3. .... your father Corsican?

4. Yes, he .... He .... born in Ajaccio. 5. Molière .... a sculptor, ...he?

7 Complétez par un verbe au prétérit.

1. In Shakespeare's time, people .... to the theatre a lot. 2. They .... comedies very much. 3. So William Shakespeare .... a lot of comedies. 4. Even in his tragedies, there .... comic scenes. 5. During the performance, spectators .... if they were hungry, and .... if they .... thirsty. 6. There was never complete silence because people .... to their neighbours during the play.

8 Dites le contraire en utilisant des formes négatives.

1. Mr Taylor thought babies could swim. ....

2. He dropped his son into the sea. ....

3. He wanted him to swim in competitions. ....

4. Liz ate some kangaroo meat in Australia. ....

5. Jack went to Australia with her. ....

9 Traduisez.

1. Où et quand es-tu né? ....

2. À quel âge as-tu appris à lire? ....

3. Le père de Liz pensait que les bébés savaient nager. ....

4. Il y a trois ans, Jack enseignait la natation avec Liz. ....

❖ **L'EXPRESSION DU FUTUR**

10 **Faites une liste d'expressions et de marqueurs de temps qui <u>obligent</u> à l'emploi d'une forme future.**

....

11 **Entourez le numéro des phrases qui se réfèrent au futur. Soulignez ce qui vous a guidé(e).**

1. What are you doing tonight? 2. Look, he is leaving. 3. I'm leaving in two hours. 4. Where are you going for the holidays? 5. It's going to rain. 6. Look, he is running after his dog. 7. He always runs after his dog. 8. He is going to Paris soon. 9. These children are going to school, aren't they?

12 **Complétez ces phrases par *"be going to"* et le verbe entre parenthèses.**

1. What .... Walter .... after Bude? (do) 2. He .... in London for a month. (stay) 3. .... he .... his parents? (meet) 4. Yes, and they .... the sights. (visit) 5. They .... home at the end of August. (fly)

13 **Dites ce qui va se passer.**

1

2

3

4

5

1. ....

2. ....

3. ....

4. ....

5. ....

Voir corrections en p. 112.

FAITES LE POINT

CE TRIMESTRE

➠ **Je suis...**

❑ très content(e) de mes résultats.
❑ assez content(e) de mes résultats.
❑ pas très content(e) de mes résultats.
❑ honteux (euse) de mes résultats.

EN CLASSE

➠ **Pendant les cours...**

❑ je suis toujours attentif (ve).
❑ je suis souvent attentif (ve).
❑ je pourrais être plus attentif (ve).
❑ je suis rarement attentif (ve).

➠ **Je suis...**

❑ très bavard(e). ❑ assez bavard(e). ❑ assez discipliné(e). ❑ très discipliné(e).

❑ Je ne parle presque jamais français.
❑ Je parle rarement français.
❑ Je parle quelquefois français.
❑ Je parle français trop souvent.

➠ **Quand le professeur nous sollicite...**
j'essaie de prendre la parole en anglais ❑ souvent. ❑ quelquefois. ❑ rarement.

➠ **Quand on écoute la cassette...**

❑ j'essaie toujours de "voir" la scène pour comprendre. Je m'accroche.
❑ j'essaie souvent de "voir" la scène pour comprendre. Je décroche quelquefois.
❑ je commence par écouter, mais mon esprit se disperse vite.
❑ le plus souvent, j'attends la fin de l'enregistrement en pensant à autre chose.

Je me donne une note pour mon travail et ma discipline en classe: ..../10

À LA MAISON

➠ **Je travaille...**

❑ très régulièrement. ❑ assez régulièrement. ❑ de temps en temps. ❑ rarement.

➠ **Ma méthode**

- **J'ai les cassettes:**

❑ Je les écoute régulièrement et je fais mes devoirs écrits après avoir appris ma leçon.
❑ Je commence par faire mes devoirs écrits. J'écoute parfois les cassettes.
❑ Je n'écoute jamais les cassettes, et je fais mes devoirs avant d'avoir appris ma leçon.

- **Je n'ai pas les cassettes:**

❑ Je lis mon dialogue et j'essaie de "l'entendre" dans ma tête avant de faire mes devoirs.
❑ Je regarde la leçon quelques minutes, puis je fais mes devoirs écrits.
❑ Je fais tout de suite mes devoirs écrits.

- **Pour retenir ma leçon...**

❑ je copie plusieurs fois ce qui est nouveau.
❑ j'apprends seulement "des yeux".
❑ je passe entre vingt et trente minutes à mes devoirs d'anglais.
❑ je passe très peu de temps à mes devoirs d'anglais.

➠ **Mes conditions de travail**

- **Je fais mes devoirs...** ❑ en écoutant la radio. ❑ en regardant la télé. ❑ dans le silence.

• Je me donne une note sur dix pour mon travail à la maison: ..../10
• Suis-je cohérent(e) ? Je me suis mis la note de ..../10 + .../10 = .../20
• Ma moyenne d'anglais du trimestre est de: ..../20

RÉSOLUTIONS: ....

CLASSWORK

1 LISTEN AND SPEAK

b. Listen to snippets of conversation and take notes. Then anticipate.

....

....

....

c. Listen and comment. Then complete from memory.

RECORDS

- LARGEST ANIMAL: .... ■ FASTEST ANIMAL: ....
- TALLEST ANIMAL: .... ■ LONGEST-LIVING ANIMAL: ....
- OLDEST PERSON IN LIZ'S FAMILY: ....
- OLDEST PERSON IN JACK'S FAMILY: ....
- OTHER DETAILS ABOUT JACK'S UNCLE: ....

....

READ AND THINK

Le superlatif

RÉFLÉCHISSEZ • RÉFLÉCHISSEZ

1. a. Classez ces adjectifs dans la grille.

the fattest - long - the happiest - the most intelligent - the longest - fat - intelligent - happy

ADJECTIF DE BASE (Qualifie seulement.)	ADJECTIF AU SUPERLATIF (Indique que la qualité est à son maximum. Rien ne l'égale. L'élément est donc unique.)
long	

b. Au superlatif ("le plus"), comme au comparatif ("plus") on distingue les adjectifs courts et les adjectifs longs. Complétez.

- Adjectifs courts: *the* + ... + ... • Adjectifs longs: *the* + ... + ...
- Les adjectifs de deux syllabes terminés en *"y"* ou *"er"* sont considérés comme ....
- Quel déterminant est indispensable pour former un superlatif? ....

Pourquoi? ....

2. Mettez ces adjectifs au superlatif.

lazy .... big .... helpful ....

nice .... clever .... generous ....

SELF-STUDY

1 Complete with a superlative.

1. Einstein was one of the .... men in the world.

2. The desert is one of ....places in the world.

3. Canada is one.. countries in the world.

4. The Vatican is ....

5. Rolls Royces are ....

2 Ask questions like in the example.

Ex.: This is the fastest plane we have. → *How fast is it?* ou *How fast does it fly?*

1. He is the richest man in town. ....

2. It was the coldest day of the year. ....

3. It is the highest mountain in the country. ....

4. It was the cheapest car on the market. ....

5. They were the youngest children in the school. ....

3 Write five sentences about these hotels, using superlatives in each sentence.

THE SHAKESPEARE HOTEL
★★★
Built in 1980
120 ROOMS
only £ 45 a night

THE BECKET HOTEL
(1900)
★★★★
£80 a night, buffet included
80 NEWLY DECORATED ROOMS

The Star Hotel
★★★
Built in 1997
SMALL FAMILY HOTEL (50 ROOMS)
£30

1. ....

2. ....

3. ....

4. ....

5. ....

CLASSWORK

1 LISTEN AND SPEAK

b. Listen and comment. Then complete from memory.

■ CHARACTERS AND SETTING: ....

■ CONVERSATION TOPIC: ....

■ MRS LEE'S STORY: - where it happened: ....

- how it happened: ....

....

- details about the car: ....

- about Wilma: ....

....

....

3 READ AND THINK

Prétérit en *"be + -ing"*

RÉFLÉCHISSEZ • RÉFLÉCHISSEZ • RÉ

1. a. Lignes 1 à 5 du dialogue, relevez la phrase qui rapporte l'événement passé. Soulignez les verbes.

....

• De quel temps d'agit-il? .... Soulignez l'adverbe qui marque le passé.

• Le père de Wilma ☐ connaît les faits essentiels. ☐ connaît les détails.

b. Dans la réponse de Mrs Lee, lignes 6 à 11, relevez les verbes repères qui établissent la chronologie des faits concernant Wilma.

Wilma saw, she ....

....

• De quel temps s'agit-il? ....

2. Dans cette phrase de Mrs Lee, soulignez toutes les formes verbales qui indiquent les circonstances qui créent un cadre au verbe repère *"saw"*.

They were all going to Harrod's when Wilma saw a blind lady who was waiting to cross the street.

• La construction *"was / were"* + ... + *"-ing"*, appelée prétérit en *"be + -ing"* (ou prétérit progressif), permet de créer un cadre aux événements, de les "voir" comme dans un film, et donc d'insister sur leur déroulement.

3. Les formes en *"-ing"* mettent en scène, créent un lien avec une situation particulière. Wilma dirait *"When the accident happened, I was helping a blind lady to cross the road"*. Que pourraient dire:

- le facteur: ....

- la jeune fille au chien: ....

- le voleur: ....

RÉFLÉCHISSEZ • RÉ

Phonetics

Accent de mot, groupes de sens et intonation

1. Écoutez, entourez la syllabe accentuée, puis répétez.

accident - consciousness - fortunately - ambulance - hospital - wonderful - optimistic

2. a. Écoutez et indiquez les pauses par une grande barre oblique: /.

They were all going to Harrod's when Wilma saw a blind lady who was waiting to cross the street.

• Les pauses isolent ☐ les sujets. ☐ les verbes. ☐ les compléments. ☐ les propositions.

b. Écoutez encore et dessinez des flèches (↗ ↘) pour indiquer le mouvement de la voix à chaque pause. Expliquez.

• Attention de ne jamais faire de pause entre le verbe et ses compléments.

3. Déchiffrez les mots. ['keəlɪs] .... ['æmbjuːləns] .... [ɪg'zæmɪn] ....

4 LISTEN AND SPEAK

a. "Witnesses". Listen and take notes.

	WITNESS'S NAME	WHERE HE WAS	WHAT HE SAW
1			
2			
3			

SELF-STUDY

1 Relisez le dialogue. Assurez-vous que vous comprenez tout.

2 Relevez dans le dialogue toutes les questions qui se réfèrent au passé, et soulignez les pronoms interrogatifs sujets. Que remarquez-vous quant au verbe?

....

....

....

....

3 Answer the questions.

1. What were you doing yesterday at 3pm?..

2. What were your parents doing at 7am? ....

3. What were you doing last Sunday at 7am? ....

4. What was your English teacher wearing last time you saw him / her? ....

....

CLASSWORK

1 LISTEN AND SPEAK

b. Listen and comment. Then complete from memory.

■ CHARACTERS: .... ■ CONVERSATION TOPIC: ....

■ DATE OF RETURN: ....

■ WHAT VANESSA DID: ....

....

■ WHAT SHE BOUGHT AND WHO FOR: ....

....

....

■ GENERAL OPINION: ....

....

■ ABOUT SUE: ....

3 READ AND THINK

Les pronoms réfléchis

RÉFLÉCHISSEZ • RÉFLÉCHISSEZ • RÉ

1. a. Entourez le pronom réfléchi et reliez-le au mot qu'il reprend.

Vanessa ordered her food herself.

• Le mot que vous avez entouré réfère à ☐ la même personne que le sujet de la phrase.
☐ une personne différente.

• C'est parce qu'il "reflète" le sujet de la phrase qu'il s'appelle un pronom "réfléchi".

• Dans cette phrase, le pronom réfléchi ☐ joue un rôle d'insistance, sans être obligatoire.
☐ est indispensable.

2. Soulignez les compléments dans ces phrases.

1. They enjoyed themselves. 2. He liked himself in the T-shirt. 3. She was pleased with herself.

• Dans ces emplois, les pronoms réfléchis:

☐ jouent un rôle d'insistance, sans être obligatoires.

☐ sont indispensables, car ce sont les compléments indispensables des verbes.

3. À l'aide de votre *Remember*, complétez par un pronom réfléchi, puis mettez-le entre parenthèses s'il n'est pas obligatoire.

1. Yesterday, we did not enjoy .... at all.
2. Vanessa bought her ticket for Paris ....
3. When Wilma looked at .... in the mirror, she saw her black eye.
4. Now she must look after .... and be more careful.
5. The doctor wanted to examine her ....

4 LISTEN AND SPEAK

a. What did they do for their holiday? Listen and take notes.

- MARY'S DESTINATION: .... ■ LENGTH OF STAY: ....
- WEATHER: .... ■ OPINION: ....
- OTHER DETAILS: ....

....

- CHARLES WILSON'S DESTINATION: ....
- OPINION: ....
- CAUSES: ....

....

- WHAT HE WANTS: ....
- OTHER DETAILS: ....

SELF-STUDY

1 Relisez le résumé. Assurez-vous que vous comprenez tout.

2 Dites à qui ces mots se réfèrent.

- they (lignes 3-4) ....
- she (ligne 8) ....
- them (ligne 10) ....
- it (ligne 16) ....
- himself (lignes 16-17) ....

3 Relevez tous les verbes irréguliers au passé et notez leur forme de base.

....

....

....

4 Complétez par le verbe qui convient à la forme qui convient. Chaque verbe doit être <u>différent</u>.

1. Vanessa .... a lot of photos in Paris. 2. She .... her father a T-shirt, but she .... her mother any clothes. 3. She .... to the Louvre and .... the Mona Lisa. 4. .... she .... French at all? 5. Yes, because Nicole's parents .... English.

CLASSWORK

1 LISTEN AND SPEAK

b. Listen and comment. Then complete from memory.

■ CHARACTERS AND SETTING: ....

ABOUT GRANNY'S YOUTH

■ PLACE OF BIRTH: ....

■ CHORES (what she had to do): ....

....

....

■ SPARE TIME: ....

....

■ HOW SHE MET HER HUSBAND: ....

....

■ DATE OF WEDDING: ....

3 READ AND THINK

La modalité au passé

RÉFLÉCHISSEZ • RÉFLÉCHISSEZ

1. De quel moment du passé parlent les personnages? Justifiez.

....

2. a. Relevez, lignes 4 à 15 du dialogue, une phrase qui exprime chacune des notions suivantes. Restituez le verbe d'action si nécessaire.

1. une obligation: ....
2. une absence d'obligation: ....
3. une permission: ....
4. une impossibilité: ....

b. Soulignez en rouge la partie du groupe verbal qui exprime l'action, et en bleu la partie qui exprime l'obligation, la permission, etc. Puis entourez les marqueurs du prétérit.

3. Complétez pour que ces phrases correspondent à la vérité.

A hundred years ago, schools were very strict. The pupils .... wear a uniform. They .... to talk during the meals. Girls .... help at home, so often they .... go to school. Pupils .... study computer sciences, but they .... learn Latin.

RÉFLÉCHISSEZ • RÉ

Phonetics

Accentuation de noms composés et liaisons

1. a. Écoutez, soulignez à chaque fois le nom le plus accentué, puis répétez et concluez.

grandmother - grandfather - lawn-mower - baby-sitter - homework - breakfast

• Généralement, le nom le plus accentué d'un nom composé est:

☐ le premier nom (celui de gauche). ☐ le deuxième nom (celui de droite).

b. Écoutez encore et notez le symbole [ə] au-dessus des voyelles correspondantes.

2. a. Écoutez, barrez les consonnes qui s'effacent, indiquez toutes les liaisons, puis répétez.

At their wedding, Grandmother and Grandfather danced together and had a good time.

b. Que remarquez-vous concernant le *"r"* en fin de mot? ....

3. Déchiffrez les mots.

['grænpɑː] .... [ɪ'lektrɪk] .... [dɪ'saɪdɪd] ....

4 LISTEN

a. "Handywoman". Listen and take notes.

■ CHARACTERS AND CONVERSATION TOPIC: ....

■ WHAT VANESSA IS DOING: ....

■ WHAT SHE DID YESTERDAY: ....

....

....

■ MR TURNER'S REACTION: ....

SELF-STUDY

1 **Relisez le dialogue. Assurez-vous que vous comprenez tout.**

2 **Relevez, lignes 15 à 27, les verbes réguliers au prétérit et classez-les selon la prononciation du *"ed"*.**

[d]	[t]	[ɪd]

3 **Complétez par un pronom réfléchi.**

1. I can do this .... 2. My father can repair his car ....

3. My mother didn't manage to repair the dishwasher .... 4. We really enjoyed .... in Paris. 5. The Turners enjoyed .... in Canterbury.

CLASSWORK

1 SPEAK

Note down the best sentences you or your friends said.

....

....

....

....

....

2 LISTEN

a. "Who killed Mr Pott?" Take notes.

WHAT WERE THEY DOING?

1. Mrs Carter ....
2. Mr Burton ....
3. Miss Lee ....
4. Mrs Dean ....

b. Write their names.

1. ....

3. ....

2. ....

4. ....

c. Now look at these documents and find out who killed Mr Pott.

RADIO 3 ***
247 m 215 kHz 90-92 VHF

FRIDAY MAY 8TH
2.10 Third Ear. 2.35 Fauré
3.25 Bournemouth Symphony Orchestra
4.55 Music weekly. 6.15 News
6.30 Vivaldi. 7.30 Beethoven's 5th and 6th Symphonies 9 Boulez at the Barbican.
10.30 Choral Evensong.

RITZ NEW STREET
BIRMINGHAM B2 4NU

PROGRAMME : MAY 4 TO MAY 10
RIO BRAVO
MON-FRI showing at : 2-4-6-8-10pm
BILL AND JANE
SAT-SUN showing at : 2-4-6-8-10pm
COMING SOON...
HIGH NOON
Starring : Gary Cooper - Grace Kelly

BIRMINGHAM BUS DEPOT

NAME *Kim Carter* BUS ROUTE *62*
Time table for *May*

	6am	8am	10am	12	2pm	4pm	6pm	8pm	10pm
SUN			*Off*						
MON	////	////	////	////					
TUE			////	////	////	////	////		
WED			*Off*						
THU	////	////	////	////					
FRI				////	////	////	////	////	
SAT					////	////	////	////	////

3 READ

a. "Dog Saves Baby". Complete.

ABOUT THE ARTICLE

- TITLE OF NEWSPAPER ARTICLE: ....
- NAME OF JOURNALIST: .... ■ DATE OF ARTICLE: ....

ABOUT THE INCIDENT

- DATE: .... ■ PLACE: .... ■ TIME OF DAY: ....
- PEOPLE INVOLVED: ....
  (concernés)

b. Put the pictures in the correct order.

Correct order: ....

- Who is the hero? .... Why? ....

- Who is missing (absent) in the drawings? ....

- Find another title for the story. ....

4 DICTATION

....

....

....

....

....

....

....

CIVILIZATION 6 – The story of Thomas-à-Becket

1 READ

a. Read the cartoon strip and complete.

ABOUT THOMAS-À-BECKET

■ DATE OF BIRTH: .... ■ CITY OF BIRTH: ....

■ FATHER'S OCCUPATION: ....

■ NAME AND TITLE OF THOMAS'S FRIEND: ....

■ THOMAS'S TITLES AND RESPONSABILITIES: ....

....

■ SENTENCE SHOWING THAT AFTER 1162 HE AND THE KING DID NOT AGREE: ....

....

■ ABOUT THOMAS'S EXILE: place: .... length of his exile: ....

■ ABOUT HIS MURDER: place: .... year : 1170

■ BURIAL PLACE: *His tomb was in* ....

b. Read about Canterbury Cathedral and answer.

1. Highlight *(stabilotez)* Canterbury on the map on the next page.

2. What is particularly English about the cathedral? ....

....

....

3. What style is it? ....

4. Where did the stone come from? .... Ask your teacher why.

5. Why was the cathedral a place of pilgrimage? ....

....

c. Answer the questions about the stained-glass window.

1. .... 2. .... 3. .... 4. .... 5. .... 6. ....

7. ....

8. ....

2 LISTEN

How much do they know about Thomas-à-Becket? Take notes.

■ INTERVIEWER'S JOB: ....

■ REASON FOR INTERVIEWS: ....

■ REACTIONS: Man 1: ....

....

Man 2: ....

....

Man 3: ....

....

One more step

Read about Henry II. Colour his territories blue.

Henri II Plantagenet, who reigned from 1154 to 1189, was the son of Geoffrey of Anjou. As well as King of England, Henry was Duke of Normandy and Count of Anjou. He spoke four or five languages and travelled a lot.

As a young man, he even went on a crusade where he met the beautiful Alienor of Aquitaine, who was married to the French King Louis VII. She divorced the King of France and married Henry, thus adding Aquitaine to his possessions.

Henry met with a lot of opposition from the Church, so he appointed a friend of his, Thomas-à-Becket, as Archbishop of Canterbury. But the King's friend turned into an adversary. Their conflict ended when Thomas was murdered in his cathedral in 1170.

King Henry's last years were difficult. His sons revolted against him with the help of Philip Augustus of France.

Henry died in Chinon and was buried in Fontevrault, near Angers. His second son, called Richard "The Lionheart", succeeded him as Richard I. It was the time of Robin Hood and Ivanhoe. What do you know about these heroes?

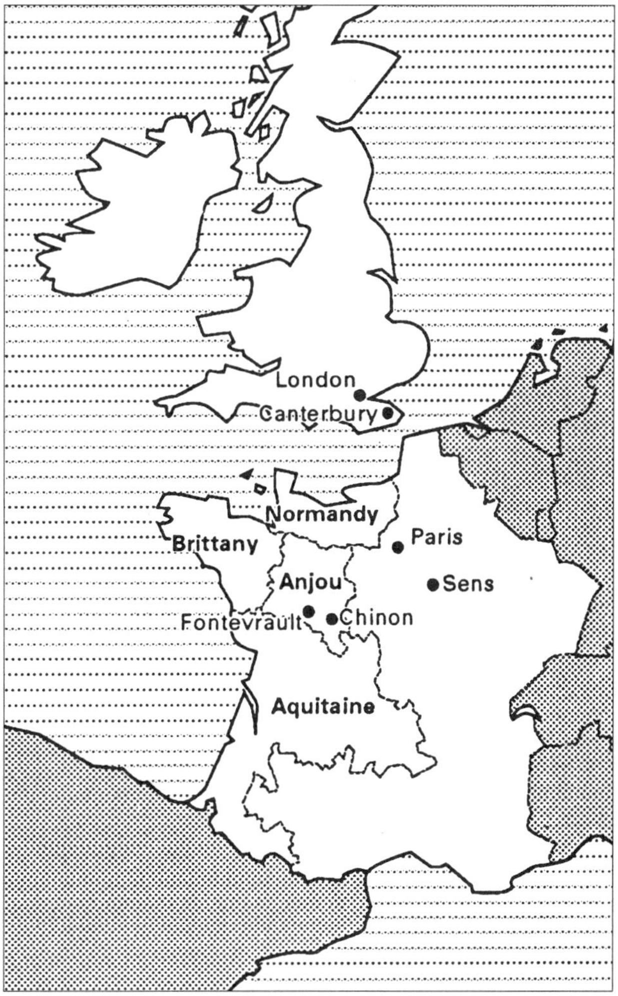

VOCABULAIRE

1 Complétez par le maximum de mots.

WILD ANIMALS

FARM ANIMALS

smash! ACCIDENTS ouch!

bang! crash!

You can ...

fall

VERBES IRRÉGULIERS

2 Complétez ce tableau.

BASE	PRÉTÉRIT	SENS	BASE	PRÉTÉRIT	SENS
begin			drive		
		apporter			*trouver*
	bought			fell	
catch			hit		
		choisir			*garder*
	came			hid	
cut			leave		

GRAMMAIRE

❖ LE PRÉTÉRIT EN *"-ING"*

3 La police espionne un couple de suspects. Que faisaient-ils quand les photos ont été prises?

❖ LE SUPERLATIF

4 Chacun bat un record. Lequel? Écrivez cinq phrases au superlatif (*"old"*, *"young"*, etc.).

John, 21 Mary, 23 Peter, 34 Paula, 56 Mike, 32

❖ LES PRONOMS PERSONNELS RÉFLÉCHIS

5 Complétez par un pronom personnel réfléchi (*"myself"*, etc.).

1. I didn't enjoy .... at the party last night. Did you enjoy ....? 2. He is looking at .... in the mirror. 3. Are you tired? Look at .... 4. The Turners enjoyed .... during the weekend. 5. Jack cut .... with his knife yesterday.

❖ LA MODALITÉ AU PASSÉ

6 **Qu'ont-ils été obligés de faire?**

1. Yesterday, Jack missed his train. He had to ....

2. Mr Taylor's cow, Daisy, was ill last week. ....

3. Walter lost all his money yesterday. ....

4. In Paris, Vanessa spent all her money the first day. ....

5. Granny couldn't get married in 1939 because of the war. ....

7 **Complétez par *"had to"*, *"could"* ou *"was / were allowed to"* à la forme affirmative ou négative selon le sens.**

1. To become a coach, Jack .... train regularly.

2. His parents were very strict. When he was a child, he .... go to parties.

3. Vanessa wasn't very supple when she was little. She .... touch her nose with her foot.

4. Mr Turner was very handy as a young boy. He .... repair his father's car when he was 10.

5. To become a vet, he .... study anatomy, zoology, chemistry and many other subjects.

8 **Complétez par le verbe à la forme qui convient: prétérit simple ou prétérit en *"be + -ing"*.**

1. Lady Di .... journalists. (like) 2. One day, while she .... (swim), she .... (see) two photographers on a boat nearby. 3. She .... (swim) to them and .... (ask) them to leave. 4. They .... (refuse) and she .... (talk) to them when her bodyguard .... (arrive)

9 **Traduisez.**

1. L'homme le plus gros du monde est mort il y a quelques années. Il pesait plus de 600 kg.

....

2. Il mena une vie tout-à-fait malsaine car il ne pouvait pas marcher.

....

3. Est-ce qu'il était obligé de rester couché ou avait-il la permission de se lever?

....

4. Sa mère s'occupa de lui toute sa vie. Elle était obligée de fabriquer ses vêtements elle-même.

....

5. Il n'avait pas le droit de voyager en avion.

....

Voir corrections en p. 112.

GAMES

Words games

SAME LETTERS

In each series, which two words have the same letters? Circle them.

1. pat put tea eat top
2. meat mate meet mite team
3. pear pets part trip trap
4. tale told late take took
5. mite team tame mine time
6. sold sour lost sell ours

HIDDEN WORDS

Find ten vehicles in this grid.

P	L	A	N	E	W	D	F	T	H	E	X
A	L	C	A	R	Y	I	P	O	E	R	A
P	F	F	T	G	A	Q	L	N	L	C	W
K	H	E	A	R	N	I	P	O	I	I	D
L	L	B	R	S	A	I	T	G	C	Q	L
N	O	I	A	R	Y	I	A	O	O	G	B
P	R	C	S	E	Y	D	N	R	P	Y	I
R	R	Y	A	H	E	I	P	O	T	M	C
P	Y	C	N	E	I	T	F	T	E	X	Y
V	L	L	A	R	Y	P	A	O	R	U	C
A	J	E	T	E	W	D	F	K	G	S	L
N	A	O	B	U	S	Z	O	T	S	Z	E

THE ODD ONE OUT

Circle the odd one out.

1. shirt dress blouse jumper ribbon coat tie
2. pears lemons apples strawberries grapes carrots cherries
3. computer washing-machine dishwasher fridge coffee-machine
4. princess church king prince queen crown throne
5. verb adjective to be noun pronoun adverb
6. grocer's post-office town-hall police-station library
7. dolphin fish coral sardine shark tuna
8. soldier teacher richer doctor conductor actor
9. rain snow wind sun rose hail cloud
10. cow grass field flower tree plant insect tractor

Logic

Underline the correct answer.

1. **Finger** is to **hand** as **toe** is to ... **knee, arm, foot, leg.**
2. **Far** is to **near** as **enormous** is to ... **big, tiny, large, small.**
3. **Tie** is to **neck** as **glove** is to ... **foot, cupboard, hand, clothes.**

CLASSWORK

1 LISTEN AND SPEAK

a. Listen to the snippets of conversation and write what you hear. Then anticipate.

....

....

....

b. Listen and comment. Then take notes from memory.

- CHARACTERS AND SETTING: ....
- ACTIVITY: ....
- ATTITUDES TO HOROSCOPES: Phil: .... Cathy: ....
- MAGIC NUMBERS: Vanessa's: .... Cathy's: .... Phil's: ....
- OTHER INFORMATION ABOUT ...

Vanessa: ....

....

Cathy: ....

....

Phil: ....

....

READ AND THINK

Le futur avec *"will"* et *"may"*

RÉFLÉCHISSEZ •

1. a. De quoi parlent les amis dans le dialogue que vous venez d'entendre? ....

Il s'agit donc ☐ d'évoquer des souvenirs. ☐ de discuter du présent. ☐ de prédire l'avenir.

b. Dans ces phrases, soulignez la partie du groupe verbal qui réfère à l'avenir et entourez la base verbale.

Cathy will have a lot of money and she'll be happy. Phil won't marry.

- *"Will"* est un auxiliaire de modalité qui évoque souvent le futur.
- *"'ll"* est la forme contractée de .... • *"won't"* est la forme contractée de ....

2. a. Lorsque l'on parle du futur, on ne peut jamais être certain à 100 %. Observez votre *Remember* et relevez l'auxiliaire de modalité qui permet d'exprimer une probabilité. ....

b. Reformulez la phrase suivante à l'aide de l'auxiliaire que vous avez relevé.

I suppose he will see a doctor. ....

> EN ANGLAIS, COMME EN FRANÇAIS, PLUSIEURS CONSTRUCTIONS RENVOIENT À L'AVENIR.
> ON EMPLOIE *"WILL"* POUR PRÉDIRE OU POUR PRENDRE POSITION SUR UNE ACTION FUTURE QUE L'ON FERA OU NON.

SELF-STUDY

1 **Choisissez trois prédictions de la page 98 que vous aimeriez voir se réaliser dans votre vie.**

I hope I'll ....

....

....

2 **Calculez le nombre magique de deux de vos proches (parents, frères, sœurs, etc.). Lisez les prédictions du manuel, dites si elles sont vraies ou fausses et pourquoi, puis réagissez.**

1. My ....'s magic number is .... According to the horoscope ....

...., but ....

The horoscope also says .... which is ....

....

Therefore *(donc)* ....

2. ....

....

....

....

....

3 **Inventez une prédiction pour l'an prochain concernant une personnalité connue de tous.**

....

....

....

CLASSWORK

1 LISTEN AND SPEAK

b. Listen and note down tomorrow's weather. Use the weather symbols.

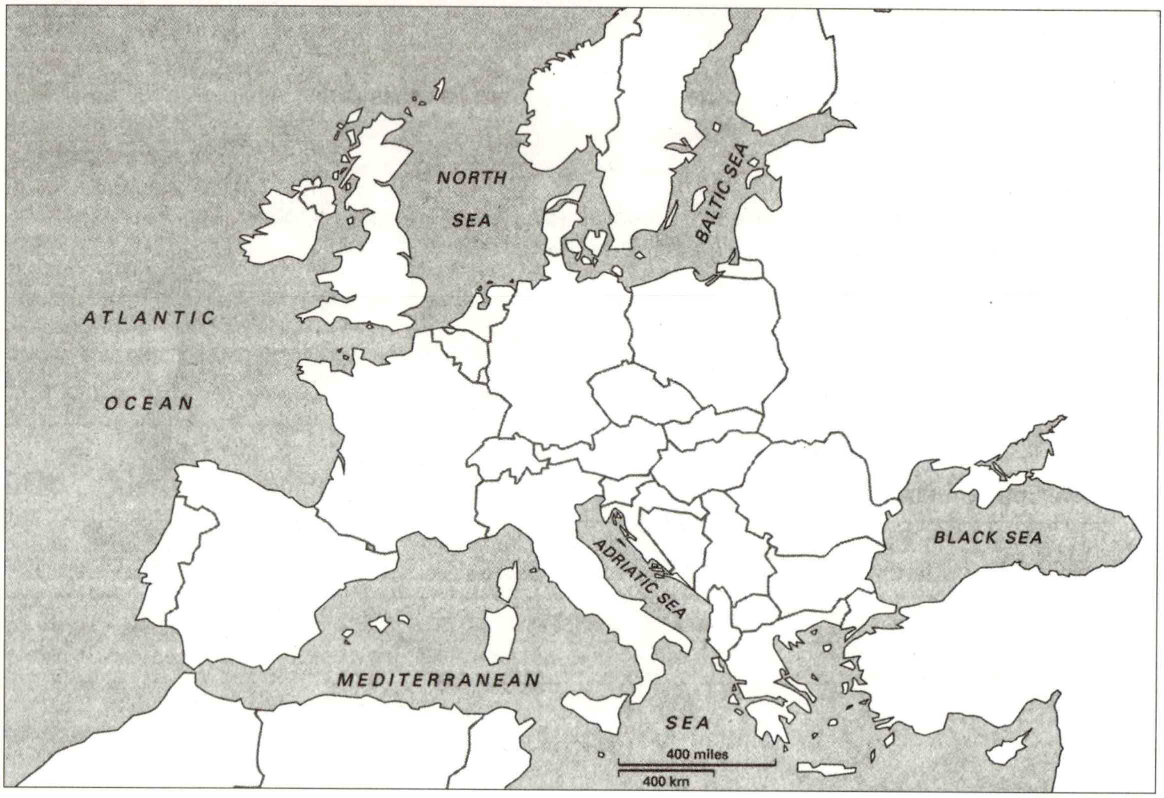

3 READ AND THINK

"When" dans les subordonnées / *might*

RÉFLÉCHISSEZ • RÉFLÉCHIS

1. En anglais, pour se référer à l'avenir, on emploie souvent des auxiliaires de modalité car on prend position sur des faits futurs. Relevez et classez les modaux de votre *Remember.*

- Je suis sûr(e), et je prédis: .... - Je suis presque sûr(e), et j'exprime une probabilité: ....

- Je ne suis pas sûr(e) du tout, et j'exprime une probabilité faible: ....

2. a. Observez cette phrase. Soulignez les sujets et encadrez les groupes verbaux.

It will be warm when the sun comes out.

Il s'agit ☐ d'une phrase simple. ☐ d'une phrase complexe formée de deux propositions.

• Soulignez la proposition principale (celle qui pourrait exister seule).

• Comment s'appelle l'autre proposition?..

• Quelle conjonction lie ces propositions?...............................

Elle exprime ☐ une addition. ☐ une opposition. ☐ une relation temporelle.

b. Observez le temps des verbes dans la phrase ci-dessus.

• Le verbe de la principale est au.................................., celui de la subordonnée est au ....

• Dans le *Remember*, repérez un autre exemple de ce type de phrase et concluez.

....

RÉFLÉCHISSEZ •

Phonetics

Accent de mot et intonation dans les énumérations

1. Écoutez, soulignez les syllabes accentuées, et notez le symbole [ə] au-dessus des voyelles réduites.

forecast - tomorrow - temperatures - exceptionally - conditions - generally

b. Deux mots perdent entièrement une syllabe à l'oral. Écoutez encore et barrez les syllabes en question.

2. Écoutez et dessinez des flèches pour indiquer si la voix monte ou descend sur les termes soulignés.

What will the weather be like in Belgium, in Holland, in Germany and in Britain ?

Will it be rainy, windy and cold, or will it be sunny and warm ?

• Dans les énumérations, la voix .... puis ....

3. Déchiffrez les mots. ['temprətʃə] .... ['beldʒəm] .... ['jʊərəp] ....

4 LISTEN AND SPEAK

a. "If ...". Listen and take notes.

■ WHAT SUE WANTS: .... ■ MOTHER'S REACTION: ....

She'll get one if ....

■ WHAT RICK WANTS: ....

■ FATHER'S REACTION AND CAUSES: ....

He'll get it if ....

TWO MONTHS LATER

■ SUE'S RESULTS AND CONSEQUENCE: ....

....

■ RICK'S ATTITUDE AND CONSEQUENCE: ....

....

■ MORAL: ....

SELF-STUDY

1 Relisez le dialogue. Assurez-vous que vous comprenez tout.

2 Relevez tous les adjectifs qualificatifs du bulletin météorologique.

....

....

3 Comparez le temps à venir dans les pays suivants en utilisant les adjectifs relevés.

- England / Scotland: ....
- England / Ireland: ....
- Scotland / Ireland: ....

CLASSWORK

1 LISTEN AND SPEAK

b. Listen and comment. Then complete from memory.

■ DAY AND TIME: ....

■ SETTING AND CHARACTERS: ....

■ MRS TURNER'S SUGGESTION: She wants to ....

■ MR TURNER'S SUGGESTIONS: ....

■ VANESSA'S REACTION: ....

■ DAVE'S WISH: ....

■ MR TURNER'S OTHER SUGGESTIONS: ....

....

....

■ VANESSA'S FINAL DECISION: ....

■ CAUSE: ....

3 READ AND THINK

Le gérondif

RÉFLÉCHISSEZ • RÉFLÉCHISSEZ

1. a. Relevez dans le résumé la première phrase qui rapporte une suggestion.

Mrs Turner ....

....

• Soulignez les compléments du verbe *"suggest"*.

• Les mots en *"-ing"* que vous avez soulignés se forment par dérivation: .... + *-ing*.

Ce type de mot s'appelle "gérondif" ou "nominalisation en *-ing*" car il occupe la place d'un nom.

2. Soulignez les gérondifs et notez leur fonction: sujet, COD ou complément d'une préposition.

1. Vanessa doesn't like visiting museums. .... 2. Sunbathing is more fun! ....

3. It is dangerous to swim after eating a big lunch. ....

• Un gérondif peut donc être .... ou ...., ou suivre ....

3. Traduisez en utilisant des gérondifs.

1. Mrs Turner adore visiter des châteaux.

....

2. Avant de passer l'après-midi à la plage, Mr Turner propose de déjeuner au restaurant.

....

4 LISTEN AND SPEAK

a. "You'll have to work hard." Listen and take notes.

- SETTING AND CHARACTERS: ....
- CONVERSATION TOPIC: ....
- JAMES'S AMBITION FOR THE FUTURE: ....

  CAUSE: ....

  FUTURE OBLIGATIONS: ....

  WILL HE MANAGE? ☐ Yes ☐ No. Why? ....

- FANNY'S AMBITION FOR THE FUTURE: ....

  CAUSE: ....

  FUTURE OBLIGATIONS: ....

  WILL SHE MANAGE? ☐ Yes ☐ No. Why? ....

- ABOUT FANNY'S TWIN BROTHERS: ....

....

SELF-STUDY

1 Relisez le résumé. Assurez-vous que vous comprenez tout.

2 Retrouvez ce que disent les personnages.

- Ligne 3: Mrs Turner: ....
- Lignes 4-6: Mr Turner: ....

....

- Lignes 7-8: Vanessa: ....

....

- Lignes 8-10: Dave: ....

....

- Ligne 14-15: Vanessa: ....

THE WORDS OF THE DAY

- "after": *préposition ou conjonction de subordination*
  After the film ... / After he arrived ...
- "afterwards": *adverbe*
  What shall we do afterwards? Afterwards, we'll go to ...

CLASSWORK

1 LISTEN AND SPEAK

d. Listen and comment. Then complete from memory.

ABOUT THE LONDON RALLY

■ DAY OF SELECTION: .... ■ PLACE: ....

■ WHAT THE YOUNG PEOPLE MUST BRING FOR THE SELECTION: ....

....

....

■ HOW THE TEAMS WILL BE SELECTED: They'll have to ....

....

■ OTHER INFORMATION: ....

....

....

3 READ AND THINK

La modalité au futur

RÉFLÉCHISSEZ • RÉFLÉCHISSEZ •

1. À quel moment le dialogue se réfère-t-il? ☐ **au présent** ☐ **au passé** ☐ **au futur**
Relevez les marqueurs de temps qui vous l'indiquent.

....

2. a. Relisez le dialogue et relevez les groupes qui expriment les notions suivantes au futur.

- une obligation (l. 13-17): They will..
- une permission (l. 23-25): ....
- une interdiction (l. 23-25): ....
- une possibilité résultant d'une autorisation (l. 24-29): ....

b. Dans chaque groupe que vous avez relevé, soulignez l'élément qui réfère au futur, et entourez celui qui porte la notion d'obligation, de permission, etc.

3. Complétez en exprimant la notion indiquée entre parenthèses au futur.

1. Because of her accident, Wilma .... walk too much. *(impossibilité)*
2. It's a good thing they .... to take the bus. *(permission)*
3. For the selection they .... some note-pads. *(obligation)*
4. But they .... carry any heavy books. *(absence d'obligation)*
5. During the Rally they .... ask adults for help. *(interdiction)*

RÉFLÉCHISSEZ • RÉ

Phonetics

Accentuation des noms composés et intonation

1. a. Dans un nom composé, quel mot est habituellement le plus accentué?

☐ le premier (celui de gauche). ☐ le deuxième (celui de droite).

b. Soulignez le nom le plus accentué, puis écoutez, vérifiez et répétez.

treasure-hunt - teenager - note-pad - guidebook - cassette recorder - roller-skates

2. a. Écoutez encore l'hôtesse du London Rally, et dites pourquoi sa manière de répondre est drôle.

b. Lisez le texte à votre tour, en le rendant intéressant et motivant.

Well, for the selection, you'll have to come to Rally House in teams of four on Saturday, and bring a pen, a note-pad, identification, written permission from your parents, and £5.

3. Déchiffrez les mots. [ˈtreʒəˈhʌnt] .... [ˈpɑːləmənt] ....

4 LISTEN

a. Listen and trace the tourist's itinerary.

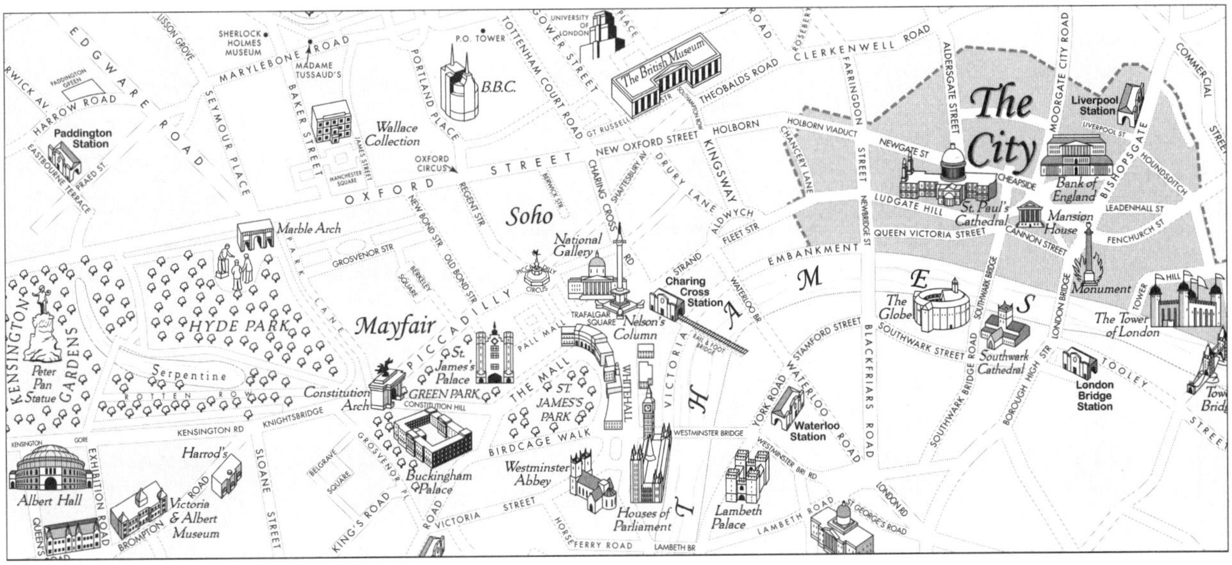

SELF-STUDY

1 Relisez le dialogue. Assurez-vous que vous comprenez tout.

2 Corrigez ces phrases concernant le Rally de Londres.

1. The teams needn't know anything about the history of London. ....

2. The contestants have to come to the selection on their own (alone). ....

3. To be selected, they will have to answer all the questions correctly. ....

4. The Rally is free. ....

5. During the Rally, books will be forbidden. ....

CLASSWORK

1 SPEAK

a. Look at the brochures, read and give the name of the place.

1. If you go there, you'll be surprised, amused and sometimes horrified. ....

2. Children love this museum because they are allowed to get on old buses. ....

3. If you want to see "Concorde", go there. ....

4. Henry VIII's wife, Anne Boleyn, lived there when she was a child. ....

5. It is exotic and you'll be able to see lots of wild animals. ....

6. If you like model cars, you'll be able to see a lot of them there. ....

b. Note down the best sentences you or your friends said.

....

....

....

....

....

2 LISTEN

b. Listen and decide which brochure they are looking at. Note down the clues.

1. ....

....

Brochure: ....

2. ....

....

Brochure: ....

3 READ

Read each paragraph and answer the questions.

WHAT WILL LIFE BE LIKE IN 2020?

CARS

1. Why will the cars of the future be safer (less dangerous)? ....

....

2. What will the new gadgets do? ....

....

3. Will traffic be reduced in cities? How? ....

....

AT HOME

1. Which rooms in the house will change a lot? ....

....

2. What will you be able to do in modern bathrooms? ....

....

3. How will TV room change? ....

....

4. How will robots help you? ....

....

4 DICTATION

....

....

....

....

....

....

....

....

....

....

Sites and sights of Britain

1 READ

NATURAL BEAUTY

Complete and answer the questions. Use an encyclopedia if necessary.

1. Highest mountain in Britain : .... Height : ....

in Europe : .... Height : ....

in the world : .... Height : ....

2. The word "multitudinous" does not exist. Shakespeare invented it.

- Can you imagine what words it is based on? ....
- What do you think it means? ....
- Everywhere in Britain, you are near the sea. What are the consequences :

  - on the climate? ....
  - on people's lives? ....

3. Do you prefer ☐ wild landscapes or ☐ peaceful countryside?

4. Why is the grass greener in England? ....

MAN-MADE LANDSCAPES

Read these texts and match them with a photo in your book.

1. If you like history there are lots of royal or aristocratic residences to visit in Britain. Some still belong to the family who built them years ago. And you mustn't forget to ask about the ghost that haunts the galleries and corridors. Photo ....

2. There are many beautiful cathedrals in Britain. Most of them date back to the Middle Ages and were re-built after 1066. Photo ....

3. There were numerous monasteries and churches in England which were destroyed in the 16th-Century, when the country became protestant. Many beautiful ruins still stand and the British enjoy visiting them. Photo ....

4. Wherever you go in Britain, there is always a lovely park to visit with a multitude of old trees and beautiful flowers, with a lake or a river and ducks to feed. Photo ....

Answer the questions.

1. Can you name:

- two or three English palaces or castles? ....
- one famous English cathedral? ....
- the king who turned England into a protestant country? ....

2. English and French gardens are very different.

French gardens ☐ try to look natural. ☐ are symetrical and geometrical.

English gardens ☐ try to look natural. ☐ are symetrical and geometrical.

2 LISTEN

"The Great British Test."

a. Listen, colour and complete.

b. Right or Wrong? Note "R" or "W".

1. .... 2. .... 3. .... 4. .... 5. .... 6. .... 7. .... 8. ....

One more step

Make a poster to encourage English-speaking tourists to visit France, your region, city, town or school.

- Be creative and use colour, a map, postcards, photos, collages and different prints *(caractères)*.
- Don't forget to make the text interesting! Use:

- adjectives in the superlative
- modals auxiliaries ("You must ...", "You can't ...", etc.)
- intensifying adverbs ("absolutely", "definitely", etc.)
- imperatives ("Come ...", "Visit ...", "See ...", Etc.)

VOCABULAIRE

THE WEATHER

1 Complétez les séries.

- Good weather: It is ....

- Bad weather: It is ....

GEOGRAPHY

2 Barrez l'intrus et trouvez un titre aux séries.

1. a hamlet, a village, a town, a city, a capital, a river ....
2. a stream, a torrent, a waterfall, a church, a river, a lake, a sea, an ocean ....
3. The Atlantic Ocean, the Pacific Ocean, the Indian Ocean, the Gulf of Mexico ....
4. Finland, Sweden, Portugal, Denmark, Germany, Norway, Estonia, Poland ....
5. Buckingham Palace, Westminster Abbey, Canterbury Cathedral, The Tower, Tower Bridge ....

ON HOLIDAY

3 Complétez les séries.

- At the seaside: *the sea,* ....

....

- Activities on the beach: *You* ....

....

- In the mountains: *You* ....

....

- Sightseeing: *You can visit* ....

....

You buy a ticket ....

....

GRAMMAIRE

❖ SUGGESTIONS

4 Retrouvez les suggestions faites en lisant les réactions.

1. "Shall ....?" "No, let's go the cinema instead."
2. "Let's ...." "Good idea. I'm hungry."
3. "What about ....?" "With pleasure. I love swimming."
4. "Would you like ....?" "No, it's boring."
5. "..........?" "No, I think it's going to rain."

5 Que feront sûrement (+) ou probablement (?) Dave et Vanessa s'il pleut? Et s'il fait beau?

....

....

....

....

6 Complétez par *"will"*, *"won't"*, *"may"* ou *"might"*.

1. What beautiful weather! I am sure it .... rain tomorrow. 2. My horoscope is unsure. It says I .... travel a lot when I get married. 3. You .... travel a lot if you marry a millionaire. 4. But I .... never find a millionaire. 5. Who knows? You ....

❖ LA MODALITÉ AU FUTUR

7 Pensez à votre majorité et vérifiez que vous savez dire que ...

1. ... vous pourrez voter et conduire quand vous aurez 18 ans.

....

2. ... vous aurez peut-être une voiture et qu'il faudra être prudent(e).

....

3. ... vous ne pourrez pas encore enseigner.

....

4. ... il se pourrait que vous soyez moniteur de colonies de vacances.

....

Voir corrections en p. 112.

CORRECTION DES EXERCICES DE GRAMMAIRE

CHAPTER 1, PAGE 17

1. 1. an 2. ø 3. ø 4. the 5. ø 6. ø 7. ø 8. the ... the 9. ø 10. ø ... ø

2. 1. We are English girls and these are our houses. 2. They are artistic boys. Their rooms are lovely. 3. These men like art. Look at these beautiful paintings! 4. Those children are good cooks. They cook well. 5. The women in red are teachers. They are from London.

3. 1. is ... like 2. are ... am. 3. like 4. is 5. likes 6. isn't 7. comes 8. likes 9. Are 10. Do ... / like

4. Pat likes Molly. Molly likes Pat. Bill doesn't like Molly. Molly doesn't like Bill. Bill likes Pat but Pat doesn't like him. (Does Molly like Pat?) Yes, she does. (Do the girls like the boy?) No, they don't.

5. 1. What is your name? 2. What is your nationality? 3. Where are you from? / What town are you from? 4. How old are you? 5. What colour do you like? 6. What colour is your room? 7. Where is your brother? 8. Where are your parents? 9. What is your mother's name? 10. How old is your father? 11. Why are you here? 12. (At) what time do you get up? 13. What do you have for breakfast? 14. Where do you go to school? 15. (At) what time / when do you start work?

CHAPTER 2, PAGE 32

1. 1. has got 2. Has ... got 3. has ... hasn't got 4. Have ... got 5. Yes, I have / No, I haven't.

2. 1. Whose 2. Who 3. Whose 4. Who 5. Who

3. 1. it's hers 2. it isn't mine 3. they are (they're) theirs 4. it isn't his 5. they are (they're) hers.

4. 1. He loves her. 2. She loves him. 3. Do you like them? 4. She doesn't like it.

5. 1. Do you like swimming? Yes, I do / Yes, I like it a lot. 2. Do you know Gladys? Yes, I know her. 3. I don't know her children. Do you know them?

6. 1. Jack loves Liz, doesn't he? 2. Liz doesn't like rugby, does she? 3. Liz's car is more dangerous than Jack's, isn't it? 4. Cathy doesn't collect charms, does she? 5. Walter has got a swimming-pool, hasn't he? 6. The campers must tidy their rooms, mustn't they? 7. These children are English, aren't they? / speak English, don't they? 8. Gladys's keys are in her car, aren't they?

CHAPTER 3, PAGES 47-48

3. 2. Walter is eating a cake. Sit down, Walter! 3. The boy is doing his homework. Tidy your desk! 4. Mrs Cooper is smoking. Don't smoke! 5. Vanessa is running. Put on your coat! 6. The lady is drinking tea. Take your coat off / Take off your coat!

4. 1. Do ... wear 2. are .... reading 3. does ... want 4. Is ... playing 5. is raining

5. *Il fallait dessiner une plus petite pomme, une maison plus grande. Le grand est Jim, le petit est Bob.*

6. My favourite football team ... than the X team.

7. 1. Can ... can't 2. can't / mustn't ... can 3. needn't ... must

8. Don't take photos! Eating is not allowed! Smoking is forbidden! You must not drink in the park. You can't listen to your radio. Etc.

CHAPTER 4, PAGES 63-64

3. There is a little / some ... salad / lettuce, orange juice, bread. There are some / a few potatoes, bananas. There is a lot of ... butter, cheese, jam, milk. There are a lot of oranges, eggs. There isn't any / there is no ... fish, meat, water, wine, etc. There aren't any / there are no carrots, etc.

4. 1. There is only a little bread. How much (bread) is there? 2. There are a few potatoes. How many (potatoes) are there? 3. There are a lot of eggs. How many (eggs) are there?

5. 1. So am I. / I am not. 2. So have I. / I haven't. 3. So do I. / I don't. 4. So do I. / I don't. 5. So can I. / I can't. 6. So do I. / I don't.

6. 1. I sometimes / always, etc. get up early. 2. I often / never, etc. have a shower in the morning. 3. I usually / never, etc. get dressed in the bathroom. 4. I usually / sometimes, etc. have breakfast with my parents. 5. My father often / always, etc. drives me to school.

7. a. 1. coaches ... leads 2. trains ... goes 3. is swimming 4. Is .... helping .... leaves 5. is ... encouraging ... is telling

7. b. 1. Do you read a lot? 2. Yes, I read a book a day. 3. What are you doing? 4. Look! I'm ironing your shirt. 5. I never do the ironing / iron./ I don't know how iron / I can't iron.

8. I have to / don't have to ... feed the chickens, milk the cows, water the flowers, go shopping / do the shopping.

CHAPTER 5, PAGES 79-80

4. yesterday, three years ago, last month, when he was young, in 1997, in the past, last weekend.

5. 1. yesterday / last weekend, etc. 2. Three years ago / last month / in 1997, etc. 3. Soon / next week, etc. 4. Yesterday, etc. 5. In 1997, three years ago, etc. 6. when she was young.

6. 1. were 2. was 3. was 4. was ... was 5. wasn't ... was

7. 1. went 2. liked 3. wrote 4. were 5. ate ... drank ... were 6. talked / chatted / spoke

8. 1. didn't think 2. didn't drop 3. didn't want 4. didn't eat any 5. didn't go

9. 1. Where and when were you born? 2. How old were you when you learnt to read / learnt how to read? / At what age did you learn to read? 3. Liz's father thought that babies could swim. 4. Three years ago Jack taught swimming with Liz.

10. tomorrow, next Monday / week / year, soon, in a few days / months / years, etc.

11. 1, tonight. 3. in two hours 4 are ... going for the holidays 5. going to 8. going to ... soon

12. 1. is ... going to do 2. is going to stay 3. Is ... going to meet 4. are going to visit 5. are going to fly

13. 1. He is going to wash / change his clothes / try to drive his car. 2. They are going to have a nice day / a big birthday / give their presents. 3. The cat is going to eat the fish. 4. She is going to buy new glasses. 5. He is going to buy a lot of things / spend a lot of money / go on a nice holiday, etc.

CHAPTER 6, PAGES 95-96

3. 1. There were sleeping / asleep. 2. There were having breakfast / drinking their coffee. 3. She was having her bath / a bath. 4. He was working / writing a letter. 5. She was cooking / preparing lunch / making lunch / doing the vegetables. 6. He was gardening / looking after the flowers / cutting flowers.

4. John is the youngest. Mary is the fattest / the biggest. 3. Peter is the richest. 4. Paula is the oldest. 5 Mike is the most intelligent / the cleverest.

5. 1. myself ... yourself / yourselves. 2. himself. 3. yourself / yourselves 4. themselves 5. himself

6. 1. He had to take / wait for the next one. 2. He had to call the vet. 3. He had to ask Mrs Taylor for some / borrow some. 4. She had to borrow some from her friends / phone her parents. 5. She had to wait until 1945 / until the end of the war.

7. 1. had to 2. wasn't allowed to 3. couldn't 4. could 5. had to

8. 1. didn't like 2. was swimming ... saw 3. swam ... asked 4. refused ... was talking ... arrived.

9. 1. The fattest man in the world died a few years ago. He weighed more than 600 kilos. 2. He lead a very unhealthy life, because he couldn't walk. 3. Did he have to stay in bed, or was he allowed to get up? 4. His mother looked after him all his life. She had to make his clothes herself. 5. He wasn't allowed to take the plane / travel by plane / fly.

CHAPTER 7, PAGE 111

4. 1. Shall we go to the museum / cinema, etc? 2. Let's go to the restaurant / Let's have a pizza, etc. 3. What about going to the swimming-pool / having a swim in the sea, etc. 4. Would you like to go for a walk / do the gardening, etc.? 5. How about / what about going for a walk? / Let's go for a walk! / Why don't we go for a walk? / Shall we go for a walk?

5. - He / she / they may go to the cinema / watch a film / a western. - He / she / they will do their maths homework. - He / she / they will play tennis / have a game of tennis. - He / she / they may do some gardening / work in the garden / help in the garden.

6. 1. won't 2. may 3. will 4. will 5. Might

7. 1. I will be able to vote and drive when I am eighteen. 2. I may have a car and I will have to be careful. 3. I will not be allowed to teach. 4. I may / might be an instructor in a summer camp.

FAITES LE POINT

CE TRIMESTRE

➠ **Je suis...**

❑ très content(e) de mes résultats.
❑ assez content(e) de mes résultats.
❑ pas très content(e) de mes résultats.
❑ honteux (se) de mes résultats.

EN CLASSE

➠ **Pendant les cours...**

❑ je suis toujours attentif (ve).
❑ j'ai fait des efforts pour être plus attentif (ve).
❑ je n'ai pas fait d'efforts.

➠ **Je suis...**

❑ toujours attentif (ve). ❑ moins bavard(e). ❑ aussi bavard(e).

➠ **Quand le professeur nous sollicite...**

❑ j'essaie de prendre la parole en anglais plus souvent.
❑ je prends moins souvent la parole en anglais.
❑ je ne prends presque jamais la parole en anglais.

➠ **Quand on écoute la cassette...**

❑ j'essaie toujours de "voir" la scène pour comprendre. Je m'accroche.
❑ j'essaie souvent de "voir" la scène pour comprendre. Je décroche quelquefois.
❑ le plus souvent, j'attends la fin de l'enregistrement en pensant à autre chose.

Je me donne une note pour mon travail et ma discipline en classe: ..../10

À LA MAISON

➠ **Je travaille...**

❑ toujours très régulièrement. ❑ plus régulièrement. ❑ moins régulièrement.

➠ **Ma méthode**

- **J'ai les cassettes:** je les écoute ❑ plus régulièrement. ❑ moins régulièrement.
- **Je n'ai pas les cassettes:**

❑ je lis mon dialogue et j'essaie de "l'entendre" dans ma tête avant de faire mes devoirs.
❑ je regarde la leçon quelques minutes, puis je fais mes devoirs écrits.

- **Pour retenir ma leçon...**

❑ je copie plusieurs fois ce qui est nouveau.
❑ j'apprends seulement "des yeux".
❑ je passe entre vingt et trente minutes à mes devoirs d'anglais.
❑ je passe (très) peu de temps à mes devoirs d'anglais.

➠ **Mes conditions de travail**

- **Je fais mes devoirs...** ❑ en écoutant la radio. ❑ en regardant la télé. ❑ dans le silence.

• Je me donne une note sur dix pour mon travail à la maison: ..../10
• Suis-je cohérent(e) ? Je me suis mis la note de ..../10 + .../10 = .../20
• Ma moyenne d'anglais du trimestre est de: ..../20

❑ J'ai progressé. ❑ Je suis stationnaire. ❑ J'ai baissé.

BILAN : Je suivrai sans peine en 3e si je travaille régulièrement. ❑
Il faut absolument que je travaille pendant les vacances ❑ un peu. ❑ beaucoup.
Si je redouble, je me mettrai au travail dès les premiers jours. ❑

8 – The selection

1 LOOK AND SPEAK

Write the names of the places and a few details about them.

◀ 1 ....

....

....

2 .... ▶

....

....

◀ 3 ....

....

4 .... ▶

....

....

◀ 5 ....

....

....

6 .... ▶

....

....

◀ 7 ....

....

....

....

....

8 .... ▶

....

2 LISTEN

a. Listen and complete.

■ THE FOUR FRIENDS ARE TEAM N° .... ■ TOTAL NUMBER OF QUESTIONS: ....

■ NUMBER OF QUESTIONS YOU MUST ANSWER TO BE SELECTED: ....

QUESTIONS	ANSWER
1. Who was crowned King of England in .... on a .... day?	
2. Which is the .... Royal .... in London?	
3. What was the .... built for?	To commemorate ....
4. Where in London is .... buried?	His tomb is in ....

■ TEAMS SELECTED: .... ■ CONCLUSION: ....

One more step

1. Where were the Kings of France crowned? ☐ in Saint-Denis ☐ in Chartres ☐ in Reims

2. Where were they buried? ☐ in Saint-Denis ☐ in Chartres ☐ in Reims

3. Which is the oldest Royal Palace in Paris? ☐ the Louvre ☐ the Palais de la Cité ☐ the Palais Bourbon

4. Name other French Royal Palaces. ....

....

5. Where is Napoleon buried? ....

1 LOOK, READ AND SPEAK

HOW LONDON GREW

Complete the graph to show how London grew from 200 to the present age. Use the maps in your textbook to help you.

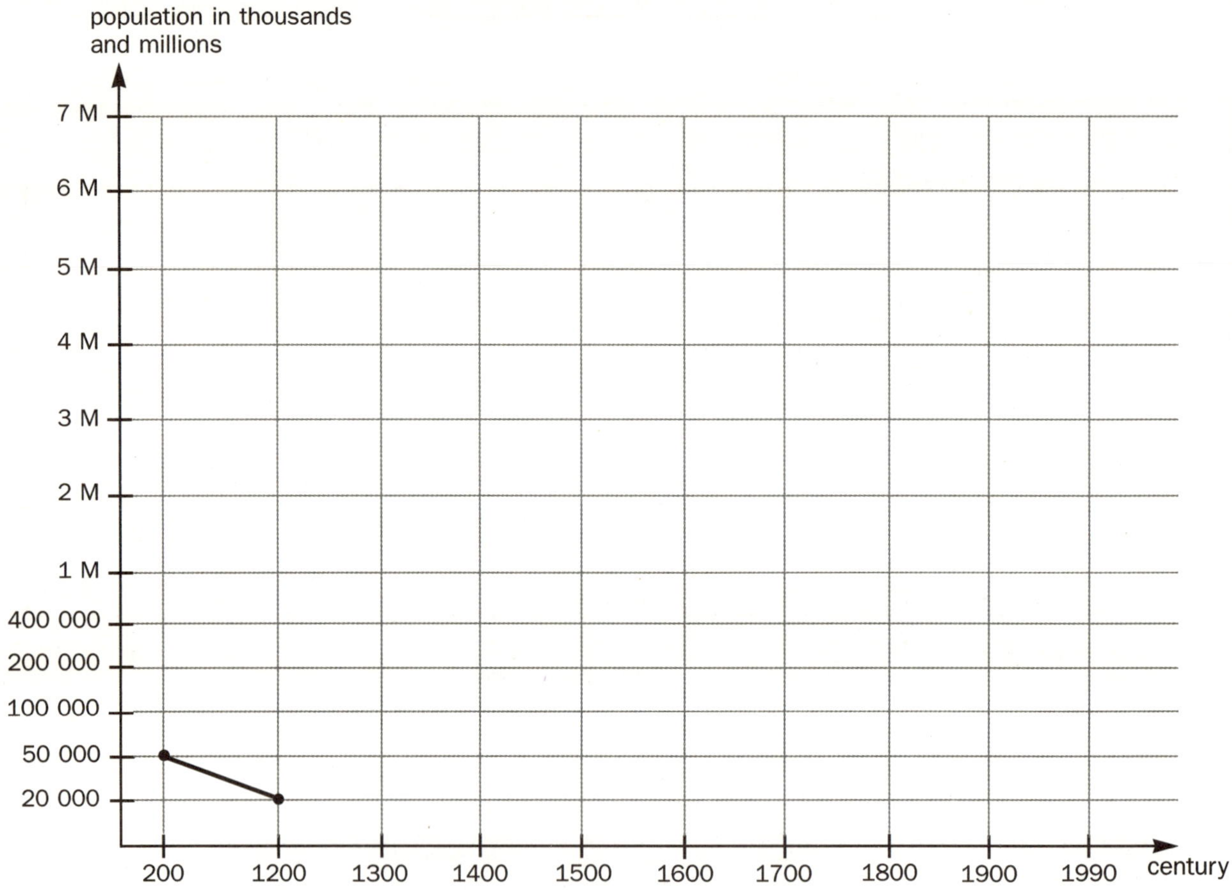

THE GREAT PLAGUE

Read and complete.

- NUMBER OF VICTIMS: ....
- WHAT CAUSED THE PLAGUE TO SPREAD: ....
  (se répandre)
- PEOPLE'S BELIEFS: ....
- SYMPTOMS: ....

....

- OUTCOME *(issue)*: ....
- DOCTORS' PRESCRIPTIONS: ....

....

THE GREAT FIRE

Read and complete.

THE GREAT FIRE		
■ STARTED: date:	time:	place:
■ PERSON RESPONSIBLE:		
■ CAUSE:		
■ WHAT CAUSED THE FIRE TO SPREAD:	- - -	
■ ENDED: date:	- So it lasted for:	
DESTRUCTION AND VICTIMS		
■ NUMBER OF ...	- houses destroyed: - churches destroyed:	- people made homeless: - people who died:
RECONSTRUCTION		
■ ARCHITECT'S NAME AND OTHER INFORMATION:		

2 LISTEN

How London grew. Answer the questions.

1. ....
2. ....
3. ....
4. ....
5. ....
6. ....
7. ....
8. ....

The Great Plague and the Great Fire. Right or wrong?

	1	2	3	4	5	6	7	8	9	10
R										
W										

8 From the Tower to St Paul's

1 LOOK, READ AND SPEAK

Name the buildings. Then read and note down some facts you want to report to the class.

■ NAME: ....

■ PARAGRAPH 1 ....

....

....

....

■ PARAGRAPH 2 ....

....

....

....

■ PARAGRAPH 3 ....

....

....

....

■ PARAGRAPH 4 ....

....

....

....

■ NAME: ....

■ FACTS: ....

....

....

■ NAME: ....

■ FACTS: ....

....

....

■ NAME: ....

■ FACTS: ....

....

....

2 LISTEN AND SPEAK

The London Rally. Where are they? Note down the clues.

CLUES	NAME OF THE PLACE
1.	
2.	
3.	

8 From Westminster to Trafalgar Square

1 LOOK, READ AND SPEAK

Name the buildings. Then read and note down some facts you want to report to the class.

■ NAME: ....

■ PARAGRAPH 1 ....

....

....

....

■ PARAGRAPH 2 ....

....

....

....

■ PARAGRAPH 3 ....

....

....

....

■ PARAGRAPH 4 ....

....

....

....

■ PARAGRAPH 1 ....

....

....

....

■ NAME: ....

■ PARAGRAPH 2 ....

....

....

....

■ KING: ....

This was Whitehall Palace. Colour the Banqueting Hall red, the Thames blue, and the courts, gardens and yards green.

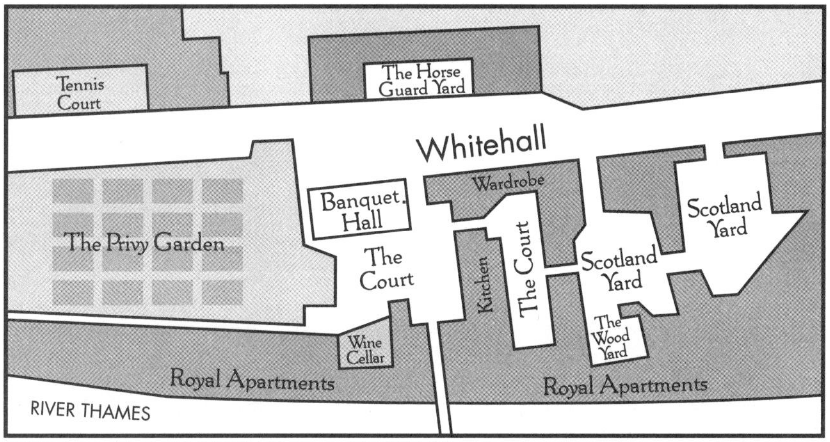

2 LISTEN AND SPEAK

What are they visiting? Note down the information and the name of the place.

	1	2
PLACE		
NEW INTERESTING INFORMATION		

8 The British Museum

1 READ, LOOK AND SPEAK

Choose a topic and sum it up.

THE ORIGIN

....

....

....

....

....

THE COLLECTIONS

■ THE ROSETTA STONE:

....

....

....

■ THE ELGIN MARBLES:

....

....

....

2 LISTEN AND SPEAK

The London Rally. "The winners". Listen and speak

THE WINNERS

■ LOCATION: ....

■ THE LAST QUESTION: ....

■ ABOUT THE ANSWER: (How they find it. Who knows. What the answer is.)

....

....

....

■ FINAL DESTINATION: ....

■ THE ITINERARY: draw it on the map.

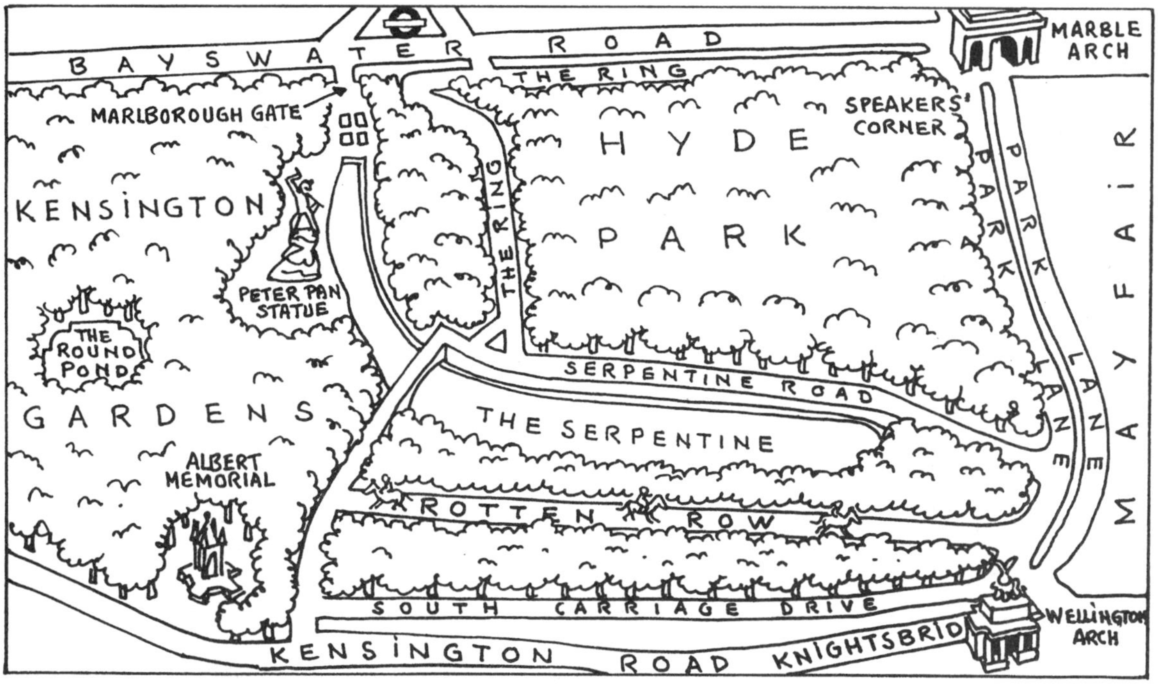

■ CONCLUSION: ....

■ REACTIONS: ....

■ OTHER INFORMATION: ....

BOOK, PP. 124-128

8 The National Gallery

1 LOOK, READ AND SPEAK

Look at all the paintings reproduced in your book, pages 124-128, classify them in chronological order, and complete the information.

DATE	TITLE	ARTIST	SCHOOL
Late 14th century			French or English

2 LISTEN AND SPEAK (book, page 125)

Listen and take notes on the Arnolfinis.

....

....

....

....

2 LISTEN AND SPEAK (book, page 127)

Answer the questions.

1. .... 6. ....

2. .... 7. ....

3. .... 8. ....

4. .... 9. ....

5. .... 10. ....

BOOK, P. 130

A good READ 1

1 ANTICIPATE

• **Look at the illustrations and complete.**

- The poem is for ... ☐ adults. ☐ children.
- The hero is ... ☐ an adult. ☐ a little boy. ☐ a little girl.
- (S)he is ... ☐ at home. ☐ at school. ☐ in an imaginary place.

Justify: ....

• **Skim through** *(parcourez)* **the introduction.**

■ TITLE OF THE POEM: ....

■ NAME OF AUTHOR: .... ■ NAME OF COLLECTION OF POEMS: ....

■ DATE OF POEM: .... ■ WRITTEN FOR *(écrit pour)*: ....

2 VOCABULARY

• **Put the words in the right place.**

at the top (of the stairs) - at the bottom (of the stairs) - halfway down (the stairs) - halfway up (the stairs)

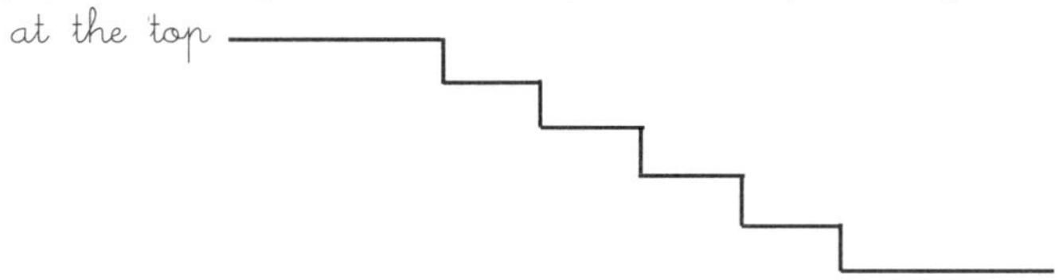

3 READ VERSE ONE

■ WORD MOST OFTEN REPEATED: .... Who is "I"? ....

■ FAVOURITE PLACE: ....

Sentence which shows this place is special: ....

....

Pick out the words that rhyme: ....

4 READ VERSE TWO

• Line 1: What word is different from the first line of verse one?............ The place is ☐ the same. ☐ different.

• In the verse the place is defined ☐ positively (affirmative sentences). ☐ negatively (negative sentences).

Give an example: ....

• In the last six lines, find a contradiction. ....

• Why do you think the child likes this place? ....

• Pick out the words that rhyme: ....

• Find another title for the poem: ....

5 BE A POET!

• Be a poet yourself, and write a poem about a place in your home that you particularly like.

BOOK, P. 131

A good READ 2

1 ANTICIPATE

- **Look at the titles, the illustrations, the layout** *(la maquette)* **and complete.**

The subject of this page is ... ☐ bad weather in England. ☐ English weather forecasts.
☐ the English habit of talking about the weather.

Justify: ....

- **Skim through** *(parcourez)* **the introduction.**

■ NAME OF AUTHOR: .... ■ NATIONALITY: ....

■ WHAT HE WROTE ABOUT: ....

■ The green boxes *(encadrés)* are remarks about ... ☐ other subjects. ☐ the same subject.

■ The dialogues are ... ☐ quotations. ☐ examples to learn by heart.

■ I anticipate that the tone is ... ☐ serious. ☐ humorous. ☐ sad.

2 READ THE TOP BOX

■ The "continent" is ... ☐ Europe. ☐ Britain and Europe. ☐ Europe without Britain.

■ The author says that ... < on the continent ☐ you must ☐ must not talk about the weather.
in England ☐ you must ☐ must not talk about the weather.

Justify your answer: ....

3 READ THE CONVERSATIONS

■ CONVERSATION FOR GOOD WEATHER: pick out all the positive adjectives: ....

....

■ CONVERSATION FOR BAD WEATHER: pick out all the negative adjectives: ....

■ Why are the conversations funny? ....

4 READ THE BOTTOM BOX

■ What you must not do. ....

■ what you must do and why. ....

■ What does this page tell you about the English? ....

5 VOCABULARY

- **Are these words nouns, verbs or adjectives? Try to understand them, then check in the dictionary.**

- **Top box**: "avoided": ☐ noun ☐ verb ☐ adjective - possible meaning: ....

dictionary meaning: ....

"dull": ☐ noun ☐ verb ☐ adjective - possible meaning: ....

dictionary meaning: ....

- **Bottom box**: "picking ... up": ☐ noun ☐ verb ☐ adjective - possible meaning: ....

dictionary meaning: ....

BOOK, PP. 132-133

A good READ 3

1 ANTICIPATE

• **Look at the titles.**
The subject of these pages is ....

• **Skim through** *(parcourez)* **the introduction.**

■ NAME OF AUTHOR: .... ■ NATIONALITY: ....

■ The author of this extract and of "A Good Read 2" (page 131 of your book) is ... ☐ the same person. ☐ a different person.

■ I conclude that the tone will be ... ☐ serious. ☐ humorous. ☐ sad.

■ This extract is from ... ☐ a children's book. ☐ a letter. ☐ a magazine. ☐ an essay.

• **Look at the photos. They show ...** ☐ England. ☐ America. ☐ Hungary. ☐ today. ☐ in the late 1940's. ☐ in 1900.

■ I conclude that today ... ☐ things have changed in America. ☐ they are the same as in the photos.

2 READ THE TEXT FOR THE FIRST TIME

• **Read through the text completely to get the gist of it** *(pour en saisir le sens général)*.
⚠ Pay particular attention to **the first sentence of each paragraph**, which often contains the essential information. **Concentrate on what you understand.**

> **Test yourself!**
> In French, can you tell what the author says about the Americans, and give examples?
> ⇨ Yes? Good! Then go ahead.
> ⇨ No? Well, do 3. and then try again.
>
> *Si vous n'arrivez pas à dire en français ce que l'auteur pense des Américains et à donner quelques exemples, faites le numéro 3., puis essayez à nouveau. Il faut réussir, car c'est la preuve que vous avez compris!*

3 SCAN FOR ESSENTIAL INFORMATION

➠ **lines 1-13**

■ WHAT YOU CAN DO OR BUY:

- in a drugstore: *You can buy* ....

....

You can eat or drink ....

- at the grocer's: ....
- at the barber's: ....
- at a man's shop: ....
- at the chemist's: ....

■ Why is all this surprising? ....

■ Find a title for this part of the text: ....

➠ **lines 14-17**

▪ According to Mikes, which of these are true?

☐ In America, the customer must be satisfied. ☐ Americans think carefully before buying.

☐ Americans are prepared to buy anything and everything. ☐ Americans like change.

▪ Draw the first hat the lady bought.

the lady's hat

- What might she exchange it for? ....

....

- React! ....

....

➠ **lines 18-27**

▪ What surprised Mikes about shopping in New York? ....

- Give an example: ....

▪ What did he personally buy once? (lines 24-27) ....

- Did he need it? ☐ yes ☐ no So why did he buy it? ....

▪ Find a title for this part of the text. ....

4 GIVE YOUR OPINION

If necessary, go back to 2. and test yourself.

I enjoyed the text. It was OK. I didn't enjoy it. I hated it.

5 LEARN WORDS

• **Find four words that you do not understand. Are they nouns, verbs, adjectives, adverbs, etc.? Look them up in the dictionary. Be careful to find the right meaning for the context!**

Mot ou expression en contexte.	*Sens.*
....	....
....	....
....	....
....	....

6 MEMORIZE FACTS

• **Sum up some facts and opinions to tell the class.**

Where? When? Examples. Opinions.

BOOK, PP. 134-135

A good READ 4

1 ANTICIPATE

• **Look at the titles in blue and black.**

■ Who are you going to read about? ....

■ What do these men have in common? They were both ....

2 READ THE TEXT FOR THE FIRST TIME

• **Read through the text completely to get the gist of it** *(pour en saisir le sens général)*.
⚠ Pay particular attention to **the first sentence of each parapgraph**, which often contains the essential information. **Concentrate on what you understand**.

Test yourself!
In French, can you tell yourself the story of the two presidents?
⇨ Yes? Good! Then go ahead.
⇨ No? Well, do 3. and then try again.
Si vous n'arrivez pas à raconter en français l'histoire des deux présidents, faites le numéro 3., puis essayez à nouveau. Il faut réussir, car c'est la preuve que vous avez compris!

3 SCAN FOR ESSENTIAL INFORMATION

➠ **George Washington**

■ DATES: .... ■ PLACE OF BIRTH: ....

■ FAMILY ORIGINS: ....

■ HOW HE PROVED HIS HONESTY: ....

....

■ LATER FACTS: - 1775 ....

- 1789 ....

- 1796 ....

- 1799 ....

➠ **Abraham Lincoln**

■ DATES: .... ■ PLACE OF BIRTH: ....

■ FAMILY ORIGINS: ....

■ HOW HE PROVED HIS HONESTY: ....

....

■ LATER FACTS: - 1860's ....

- How he died: ....

➠ The two presidents

▪ In America presidents are also known for their rank. For example, President Clinton is the 42nd President. What about Washington and Lincoln?

- Washington was the .... president.   - Lincoln was the .... president.

▪ Both Washington and Lincoln fought a war. Name those wars.

- Washington: .... in .... *(date).*

- Lincoln: .... in .... *(date).*

▪ Both presidents are honoured in Washington.

- The Washington Memorial is ... ☐ a statue. ☐ a temple. ☐ an obelisk.
- The Lincoln Memorial is ... ☐ a statue. ☐ a temple. ☐ an obelisk.

• Both presidents are represented on the currency (money). Write the name under the effigy.

....

How much is this note worth? ....

....

How much is this coin worth? ....

4 GIVE YOUR OPINION

If necessary, go back to 2. and test yourself.

I enjoyed the text.

It was OK.

I didn't enjoy it.

I hated it.

5 LEARN WORDS

• **Find four words that you do not understand. Look them up in the dictionary.**

Mot ou expression en contexte.	*Sens.*
....	....
....	....
....	....
....	....

6 MEMORIZE FACTS

• **Sum up the story of one of the presidents.**

Dates. Family origins.
Personal characteristics. Historial facts.

A good READ 5

1 ANTICIPATE

■ AUTHOR'S NAME : .... TITLE : ....

■ TYPE OF STORY : ☐ a novel ☐ an autobiography ☐ an essay ☐ a fairy tale

Words from the beginning and the end to justify : ....

■ PARTICULAR INFORMATION ABOUT THIS VERSION : it is ☐ the original version. ☐ adapted.

Words from the introduction to justify : ....

■ MAIN CHARACTERS (Look at the illustrations, the end of the first paragraph, and the last one.):

....

....

What I already know

This is the .... version of a famous ....

by .... It is called ....

and the main characters are ....

2 READ THE TEXT FOR THE FIRST TIME

• **Read through the text completely to get the gist of it** *(pour en saisir le sens général)***.**

⚠ Pay particular attention to **the first and last sentence of each paragraph**, which often contain the essential information. **Concentrate on what you understand**.

Test yourself!

Can you tell yourself the story in French?

➪ Yes? Good! Then go ahead.

➪ No? Well, do 3. and then try again.

Si vous n'arrivez pas à vous raconter l'essentiel de l'histoire en français, faites le numéro 3. puis essayez à nouveau.

Il faut réussir, car c'est la preuve que vous avez compris !

3 SCAN FOR ESSENTIAL INFORMATION

➠ **lines 1-15 :** ■ TITLE FOR THIS SECTION : ....

■ ABOUT THE PRINCE : NAME : .... ■ AGE : ....

■ TALENTS AND SKILLS : ....

....

■ KING'S PLANS : ....

■ SENTENCE ILLUSTRATED : ....

➠ **line 16-26 :** ■ TITLE FOR THIS SECTION : ....

■ NUMBER OF CONTESTANTS : .... ■ ORIGINS : ....

■ CHARACTERISTIC IN COMMON : ....

■ WHO WILL WIN : .... ■ THE PRIZE : ....

➠ **lines 27-40** : ■ TITLE FOR THIS SECTION : ....

■ NAME OF TEST : ....

■ WHAT THEY MUST BE ABLE TO DO : ....

■ MENU : ....

■ CAUSES FOR ELIMINATION : ....

....

➠ **lines 41-53** : ■ TITLE FOR THIS SECTION : ....

■ NUMBER OF PRINCESSES LEFT : .... ■ TYPE OF CONTEST : ....

■ WHO WAS ELIMINATED : ....

■ WHY? ....

➠ **lines 54 to the end** : ■ TITLE FOR THIS SECTION : ....

■ NUMBER OF PRINCESSES LEFT : .... ■ WINNER'S NAME : ....

■ WHY SHE WON : ....

lines 68-79

■ SENTENCE ILLUSTRATED : ....

4 GIVE YOUR OPINION

If necessary, go back to 2. and test yourself.

I enjoyed the text.

It was OK.

I didn't enjoy it.

I hated it.

5 LEARN WORDS

• **Find four words that you do not understand. Are they nouns, verbs, adjectives, adverbs, etc.? Look them up in the dictionary. Be careful to find the right meaning for the context!**

Mot ou expression en contexte.	*Sens.*
....	....
....	....
....	....
....	....

6 MEMORIZE FACTS

• **Memorize the tale and tell it to the class.**

Title. Author. Version. Introduction ("Once upon a time ..."). Characters. The plan. Who came? What happened? Conclusion ("And they lived ... ever after.")

TEST 1

Name: ....

Class: ....

Compréhension de l'oral

PHONÉTIQUE

1 **Écoutez, soulignez d'un trait tous les mots accentués, puis soulignez de deux traits le mot le plus accentué de tous. Indiquez par une flèche si la voix monte ou descend lors des pauses.**

The Kingsleys have got a big modern house, haven't they?

2 **Entourez la syllabe accentuée de ces mots.**

A mer ic an - I ta lian - thir teen - thir ty - ex pen sive

3 **Notez [ə] au-dessus des voyelles réduites.**

tomato garden computer about

DISCRIMINATION AUDITIVE

1 **Parle-t-on d'un homme, d'une femme, d'une chose ou de plusieurs personnes ou choses? Cochez la case correspondante.**

	1	2	3	4	5	6
HOMME						
FEMME						
CHOSE						
PLURIEL						

2 **À qui appartiennent ces voitures? À une femme? À un homme? À plusieurs personnes? Cochez la case correspondante.**

	1	2	3	4	5	6
HOMME						
FEMME						
PLURIEL						

3 **Notez l'heure.**

1

2

3

4

COMPRÉHENSION

Complétez sans faire de phrases. Donnez l'information sous forme de notes.

■ NAME: ....

■ DATE AND PLACE OF BIRTH: .... ■ AGE: ....

■ LIVES IN: .... ■ MARITAL STATUS: ☐ single ☐ married ☐ divorced

■ FAMILY: ....

■ JOB: .... ■ INFORMATION ABOUT JOB: ....

....

TEST 1

Name: ....

Class: ....

Compréhension de l'écrit

Lisez le texte que votre professeur va vous donner, puis répondez aux questions suivantes.

1 À quelle(s) personne(s) se réfèrent ces mots? Notez les noms propres.

- ligne 2: *"her"* se réfère à ....
- ligne 3: *"he"* se réfère à ....
- ligne 5: *"they"* se réfère à ....
- ligne 6: *"she"* se réfère à ....
- ligne 7: *"we"* se réfère à ....
- ligne 12: *"that stupid pretentious boy"* se réfère à ....
- ligne 12: *"who thinks"* se réfère à ....
- ligne 13: *"he"* se réfère à ....

2 Complétez l'information concernant l'amie de Walter. Notez tous les nombres en chiffres.

- FIRST NAME: ....
- FAMILY NAME: ....
- AGE: ....
- NATIONALITY: ....
- FATHER'S JOB: ....
- MOTHER'S JOB: ....
- FAVOURITE SPORT: ....
- FAVOURITE MUSIC: ....
- FAVOURITE FILMS: ....
- FAVOURITE BOYFRIEND: ....

3 Lisez ces affirmations. Si elles sont justes, cochez la case *right* (R). Si elles sont fausses, cochez la case *wrong* (W) et justifiez votre choix <u>en citant le texte</u>.

STATEMENT	R	W	JUSTIFICATION
1. Walter is thirteen.	☐	☐	....
2. Mr and Mrs Fitzpatrick like Walter.	☐	☐	....
3. Walter detests baseball.	☐	☐	....
4. Walter likes Mike.	☐	☐	....
5. Mike is older than Walter.	☐	☐	....
6. Walter thinks Jenny is right.	☐	☐	....

4 Trouvez un titre qui convient à ce texte.

....

Name: ....

TEST 2

Class: ....

Compréhension de l'oral

PHONÉTIQUE

1 **Écoutez et notez le symbole correspondant au-dessus des voyelles réduites qui se prononcent [ə].**

I can dance, but I can't swim. Can you swim?

Do you know him? He wants to come to Paris with us.

2 **Entourez la syllabe accentuée de ces mots:** a llowed - e nough - com po ser - dis a ppoin ted

3 **Déchiffrez ces mots.** [aɪ'dɪə] .... ['sɒsɪdʒ] .... ['bɪznɪsmən] ....

DISCRIMINATION AUDITIVE

1 **Ces phrases font-elles référence à une généralité ou au moment précis où l'on parle? Cochez la case correspondante.**

	1	2	3	4	5	6
GÉNÉRALITÉ						
MOMENT PRÉCIS OÙ L'ON PARLE						

2 **Ces phrases font-elles référence au présent, au passé, au futur, ou évoquent-elles une caractéristique de la personne? Cochez la case correspondante.**

	1	2	3	4	5	6
PRÉSENT						
PASSÉ						
FUTUR						
CARACTÉRISTIQUE						

3 **Notez les numéros des phrases qui ont trait à la permission.** ....

4 **Notez les numéros des phrases qui indiquent une obligation.** ....

COMPRÉHENSION

1 **Écoutez et dites où se trouvent les personnages. Notez les indices qui vous ont guidé(e).**

1. Where is Mrs Taylor? ....

CLUES: ....

2. Where are Liz and Jack? ....

CLUES: ....

3. Where is Mr Taylor? ....

CLUES: ....

2 **Découvrez de quoi il s'agit. Notez les indices qui vous ont guidé(e).**

ANSWER	CLUES
1.	
2.	

TEST 2

Name: ....

Class: ....

Compréhension de l'écrit

Votre professeur va vous donner une lettre. Remplissez cette grille concernant l'expéditeur *(the sender).*

ABOUT THE SENDER (expéditeur)

Sender's name: .... Date of letter: ....

Present location: He is .... Means of transport: ....

Itinerary: ....

Length of stay: ....

ABOUT FUTURE PLANS

Second destination: .... Length of stay: ....

Date of return to London: ....

ABOUT THE SENDER'S SISTER

☐ She likes Dave. ☐ She hates Dave. ☐ She never thinks of him.

Justify (two sentences): ....

....

....

ABOUT PHIL'S HOLIDAY IN FRANCE

His obligations:

- with his grandmother: ....

- with his grandfather: ....

His opinion:

☐ He loves going to his grandparents'. ☐ He doesn't really like going there.

Quote to justify (3 verbs, expressions or sentences).

....

....

....

Who is Jean Dupuis? ....

What is his job?

☐ He is a cook. ☐ He works in a wine shop. ☐ He is a wine farmer.

TEST 3

Name: ....

Class: ....

Compréhension de l'oral

PHONÉTIQUE

1 **Écoutez, indiquez les liaisons consonnes-voyelles, et barrez les consonnes qui s'effacent.**

There was an accident in Dave's street and he called the ambulance, a doctor and the police.

Écoutez encore et indiquez par une flèche si la voix monte ou descend à la fin de chaque groupe de sens.

2 **Notez la prononciation de la marque du passé.** decided - danced - married - loved

3 **Déchiffrez ces mots.** [pəˈmɪʃn] .... [ˈmærɪdʒ] ....

DISCRIMINATION AUDITIVE

1 **Notez ce qu'indique chaque phrase: une permission présente, passée ou future. Une obligation ou une absence d'obligation présente, passée ou future. Etc.**

1.	2.	3.	4.	5.

2 **Notez le numéro des phrases qui sont de vraies questions. Nos** ....

COMPRÉHENSION

➠ **Première écoute: résumez ce que vous avez compris.**

....

....

....

➠ **Seconde écoute: complétez l'information et terminez le dessin.**

■ IDENTIFY: *Cedric and Rowena are* ....

■ THE TEST: *They must find* ....
object place

- Consequence: ....

- Where they went and what they did: ....

- Who found the object? .... - What happened then? ....

■ THE END: Complete the drawing.

Name: ....

TEST 3

Class: ....

Compréhension de l'écrit

1 Votre professeur va vous donner un texte. Lisez-le en vous concentrant sur ce que vous comprenez, puis répondez.

■ HEROINE'S NAME: .... ■ TIME OF DAY (When?): ....

Justify with two details: ....

....

■ WHERE THE HEROINE IS: ....

■ WHAT SHE SAW: ....

■ WHAT WAS STRANGE ABOUT "IT": ....

....

■ HER FEELINGS: .... Justify with two details: ....
(lines 21-23)

....

■ THE CREATURE: ....
(physical description, clothes and accessories)

....

....

■ IS HE PRESENTED AS A GOOD OR A BAD PERSON? .... Justify: ....

....

■ SOPHIE'S FEELINGS AT THE END OF THE PASSAGE: ....

Justify with her actions: ....

....

2 Underline *(soulignez)* the dictionary definition which corresponds and then translate.

WORD	CATEGORY	TRANSLATION IN CONTEXT
flew (to fly) line 39		
still line 41		
tingling line 41		

fly[1] /flaɪ/ *n.* mouche *f.*
fly[2] /flaɪ/ *v.i.* (*p.t.* **flew,** *p.p.* **flown**) voler; (*of passengers*) voyager en avion; (*of flag*) flotter; (*rush*) filer. —*v.t.* (*aircraft*) piloter; (*passengers, goods*) transporter par avion; (*flag*), arborer. —*n.* (*of trousers*) braguette *f.* ~ **off,** s'envoler.
flyer /'flaɪə(r)/ *n.* aviateur *m.*; (*circular*: *Amer.*) prospectus *m.*

stile /staɪl/ *n.* échalier *m.*
stiletto /stɪ'letəʊ/ *a. & n.* (*pl.* **-os**) **~s, ~ heels** talons aiguille.
still[1] /stɪl/ *a.* immobile; (*quiet*) calme, tranquille. —*n.* silence *m.* —*adv.* encore, toujours; (*even*) encore; (*nevertheless*) tout de même. **keep ~!,** arrête de bouger! **~ life,** nature morte *f.*
still[2] /stɪl/ *n.* (*apparatus*) alambic *m.*
stillborn /'stɪlbɔːn/ *a.* mort-né.

tinge /tɪndʒ/ *v.t.* teinter (**with,** de). —*n.* teinte *f.*
tingle /'tɪŋgl/ *v.i.* (*prickle*) picoter. —*n.* picotement *m.*
tinker /'tɪŋkə(r)/ *n.* rétameur *m.* —*v.i.* **~ (with),** bricoler.
tinkle /'tɪŋkl/ *n.* tintement *m.*; (*fam.*) coup de téléphone *m.*